Blitzschnelles Lernen leicht gemacht

40+ Experten-Techniken zur rapiden Wissensaneignung und zum Gedächtnistraining. Eine Komplett-Anleitung für Anfänger, um Lernzeiten systematisch zu halbieren

John R. Torrance

© **Copyright 2021 - Alle Rechte vorbehalten.**

Rechtliche Hinweise:

Dieses Buch ist urheberrechtlich geschützt und nur für den persönlichen Gebrauch bestimmt. Ohne die Zustimmung des Autors oder Herausgebers darf der Inhalt dieses Buches nicht geändert, verbreitet, verwendet, übersetzt, zitiert oder umgeschrieben werden.

Haftungsausschluss:

Die in diesem Dokument enthaltenen Informationen dienen nur zu Bildungs- und Unterhaltungszwecken. Es wurden alle Anstrengungen unternommen, um genaue, aktuelle, zuverlässige und vollständige Informationen zu liefern. Es werden keine Garantien jeglicher Art erklärt oder impliziert. Der Autor erteilt keine rechtlichen, finanziellen, medizinischen oder professionellen Ratschläge.

Durch das Lesen dieses Dokuments stimmt der Leser zu, dass der Autor unter keinen Umständen für direkte oder indirekte Verluste verantwortlich ist, die durch die Verwendung der in diesem Dokument enthaltenen Informationen entstehen, einschließlich, aber nicht beschränkt auf Fehler, Auslassungen oder Ungenauigkeiten.

INHALTSVERZEICHNIS

EINLEITUNG 1

KAPITEL EINS: 3
Wir entlarven fünf populäre Mythen zum Thema Lernen

KAPITEL ZWEI: 19
Sieben Schlüsselprinzipien, die den Lernprozess optimieren

KAPITEL DREI: 31
Schnell (und mühelos) neue Fertigkeiten erlernen

KAPITEL VIER: 41
Die ersten zwanzig Stunden

KAPITEL FÜNF: 49
Das lebensverändernde Pareto-Prinzip

KAPITEL SECHS: 55
Die Kunst, effektive Notizen zu machen

KAPITEL SIEBEN: 65
Wie Sie Ihr Fachwissen erweitern

KAPITEL ACHT: 81
Verbesserung Ihrer Gedächtnisleistung

KAPITEL NEUN: 95
Wie Sie am besten pauken (wenn es sein muss)

KAPITEL ZEHN: 101
Trainieren Sie Ihr Gehirn dazu, konzentriert zu bleiben

FAZIT 115

QUELLEN UND WEITERFÜHRENDE LITERATUR 117

EINLEITUNG

Wenn Sie schon einmal bei dem Versuch, etwas Neues zu lernen, in einer Sackgasse gelandet sind, dann ist dieses Buch genau das Richtige für Sie. Sich eine neue Fertigkeit anzueignen, kann entmutigend erscheinen, vor allem angesichts der Vielzahl von Quellen, die zu vielen Themen existieren. Mit der Fülle an Informationen, die einem heutzutage zur Verfügung stehen, haben Sie mehr Möglichkeiten denn je, unzählige Fertigkeiten und Fähigkeiten zu erlernen. Sie können sich einfach an Ihren Computer setzen oder ein Buch in die Hand nehmen und lernen, was immer Sie wollen. Der menschliche Geist verfügt über dieses unbegrenzte Potenzial. Es gibt jedoch einen Haken an der ganzen Sache: die richtigen Techniken zu kennen, die Ihnen dabei helfen, auf die Teile Ihres Gehirns zuzugreifen, die sich optimal für Ihr Lernvorhaben eignen und nicht gegen Sie arbeiten.

Das Ziel dieses Buches besteht darin, den Grundlagen des beschleunigten Lernens und der Verbesserung der Gedächtnisleistung auf den Grund zu gehen. Dieser Leitfaden wird Sie bei Ihrem Lernprozess begleiten und Sie bestmöglich auf ein neues Lernabenteuer vorbereiten. Jedes Kapitel basiert auf bewährten Prinzipien, die Ihnen dabei helfen werden, so schnell und so effektiv wie möglich zu lernen. Dieses Buch bietet Ihnen eine solide Grundlage während Ihres Lernprozesses und ermöglicht es Ihnen, das „Warum" hinter der Theorie zu verstehen, damit Sie schnellere und größere Erfolge erzielen können. Es handelt sich hierbei um eine Anleitung, die Sie sofort in die Praxis umsetzen können und womit Sie somit rasch echte Ergebnisse erzielen können. Letztendlich ist dieses Buch leicht verständlich. Es zielt darauf ab, eine Kombination aus Theorie und Praxis zu bieten, die Ihnen das Verständnis vermittelt, das Sie benötigen, um die gewünschten Ergebnisse zu erzielen.

Dieses Buch wird mit Sicherheit dazu beitragen, Ihre Gedanken anzuregen, für Diskussionen zu sorgen, und dazu führen, dass Sie positive Maßnahmen ergreifen. Wie bei vielen Themenbereichen deckt auch dieses Buch die Kernprinzipien ab. Wenn Sie also ein Kapitel vertiefen möchten, dann sollten Sie wissen, dass es noch viele andere Bücher auf dem Markt gibt, die in dieser Hinsicht noch weiter in die Tiefe gehen. Dieses Buch soll jedoch nur so weit ins Detail gehen, wie es für Sie von praktischem Nutzen ist. Es ist gut zu wissen, dass niemand von uns (und schon gar nicht ein Buch) jemals in der Lage sein wird, das volle Lernpotenzial, das wir als menschliche Wesen besitzen, zu erklären oder anzuleiten. Es gibt so viele kreative Möglichkeiten, um zu lernen und zu leben. Das Wichtigste hierbei ist, dass alles mit diesem entscheidenden ersten Schritt beginnt! Je länger Sie damit warten, diesen ersten Schritt zu tun, desto länger wird es dauern, bis Sie endlich das Ziel erreichen, von dem Sie bisher nur geträumt haben.

Ich hoffe, Sie verpflichten sich zur Lektüre dieses Buches und gehen wie folgt vor: Nehmen Sie sich ein Kapitel nach dem anderen vor. Wenn Sie dies tun, werden Sie dorthin gelangen, wo Sie schon immer hinwollten, aber niemals dachten, dass Sie es tatsächlich schaffen könnten. Ich garantiere Ihnen, dass Sie dieses Potenzial bereits in sich tragen. Mit den richtigen Werkzeugen, dem richtigen Fokus und der richtigen Arbeitsmoral werden Sie es schaffen, und ich werde Ihnen zeigen, wie. Ich hoffe, dass dieses Buch Sie dazu bringt, nicht nur eine bestimmte neue Fähigkeit zu erlernen, sondern auch einen faszinierenden, grenzenlosen Prozess anzustoßen, der sich aus dem Konzept des lebenslangen Lernens ergibt.

KAPITEL EINS:

Wir entlarven fünf populäre Mythen zum Thema Lernen

Sie haben es in Ihrem Leben und in Ihrer Karriere bereits weit gebracht. In gewisser Weise denken Sie möglicherweise so. Vielleicht sind Sie sogar der Ansicht, dass Sie bereits wissen, welche Methoden für Sie funktionieren, wenn es darum geht, neue Fähigkeiten zu erlernen und Informationen zu behalten. Das ist, zumindest teilweise, wahr. Sie kennen bereits die Methoden, die funktionieren und die Sie dahin gebracht haben, wo Sie aktuell in Ihrem Leben stehen. Sie kennen das Grundgerüst des Lernens, das Ihnen bisher gute Dienste geleistet hat. Wahrscheinlich haben Sie sich jedoch für dieses Buch entschieden, weil es noch mehr zu lernen und herauszufinden gibt und weil Sie daran interessiert sind, noch bessere Lernmethoden kennenzulernen.

Unabhängig davon, was Sie bereits wissen – oder was Sie zu wissen glauben –, existieren bestimmte Unwahrheiten zum Thema Lehren und Lernen, die den meisten von uns beigebracht wurden und die wir in gewisser Weise schon unser ganzes Leben lang verinnerlicht haben. In diesem Sinne können Dinge, die Sie in Bezug auf das Lernen im Laufe der Zeit als selbstverständlich und in Stein gemeißelt angesehen haben, völlig falsch sein – oder zumindest unvollständig.

Forschungsaktivitäten zum Thema Lernen und Gedächtnisleistung der jüngeren Vergangenheit wiesen nach, dass unsere Überzeugungen und unser Glaube hinsichtlich der Art und Weise, wie wir lernen, in den meisten Fällen absolut falsch sind. Die Methode „Trial-and-Error" ist offenbar für komplexere Formen des Lernens, wissenschaftlich gesehen, weniger hilfreich, so nützlich diese auch einmal für die Überlebenstechniken unserer frühen

Vorfahren gewesen sein mag. Als Menschen sind wir notorisch schlecht darin, unsere eigene Leistung zu bewerten (oder vorherzusagen). Wir neigen dazu, zu denken, wir wüssten mehr, als wir tatsächlich wissen! Das tatsächliche Begreifen bzw. Verstehen, also die Eckpfeiler echten Lernens, werden häufiger durch unseren Eindruck ersetzt, bereits etwas zu wissen. Dieser Eindruck basiert auf einem Gefühl der Vertrautheit bzw. Leichtigkeit, mit der uns die Informationen präsentiert werden.

Der Mensch wird mit einer erstaunlichen Lernfähigkeit geboren, und meistens schöpfen wir unser volles Potenzial kaum aus. Wir besitzen die unglaubliche Fähigkeit, eine Vielzahl von verschiedenen Themen zu verinnerlichen und in bestimmten Bereichen in die Tiefe zu gehen.

In diesem ersten Kapitel gebe ich Ihnen einen Überblick über fünf der häufigsten Mythen über das Lernen, die Sie bei Ihrem neuen Lernvorhaben in die Irre zu führen drohen. Indem Sie diese Mythen besser verstehen, werden Sie in der Lage sein, zu analysieren, an welcher Stelle Sie in der Vergangenheit möglicherweise in die Irre geführt wurden und wie Sie Ihre Vorgehensweise beim Lernen selbst korrigieren können. Ich werde auf jeden Mythos mit neuen und verbesserten Lernmethoden eingehen, mit denen Sie die althergebrachten Mythen ersetzen können und die tatsächlich funktionieren werden.

Mythos Nr. 1: Lernstile sind für das Lernen unerlässlich

Vielleicht haben Sie schon von Lernstilen als einer Methode zum Lehren und Lernen neuer Dinge gehört. Viele Menschen, darunter auch Pädagogen, sind der Meinung, dass die verschiedenen Lernstile für jede Person festgelegt sind und als Werkzeug für die akademische und berufliche Karriere dieser Person genutzt werden können.

Das Konzept der Lernstile umfasst mittlerweile eine große Anzahl kommerzieller Materialien und pädagogischer Ressourcen, die in der Theorie als Methoden bezeichnet werden, um insbesondere

Lehrern im schulischen Umfeld zu helfen. Von diesen Lernstilen existieren mehr als siebzig Modell- und Schemata-Variationen. Jeder Lernstil teilt die Schüler in irgendeiner Weise in eine bestimmte Kategorie ein und gibt den Lehrern Werkzeuge an die Hand, mit denen sie die Schüler einschätzen und ihren Unterricht so gestalten können, dass die Lehrkraft auf jeden der festgelegten Stile eingeht. Der Einfluss dieser Sichtweise ist im Bildungsbereich weit verbreitet, vom Kindergarten bis zur Universität, und es gibt eine ganze Industrie, die davon lebt, Tests und Arbeitsbücher für Schulen und professionelle Weiterbildungsorganisationen anzubieten.

Eine aktuelle Studie zeigt, dass mehr als neunzig Prozent der breiten Öffentlichkeit glauben, sie würden besser lernen, wenn sie in einem der ausgewiesenen Lernstile unterrichtet würden. Dieser Glaube basiert jedoch eher auf einer als „essenzialistisch" bezeichneten und automatischen Denkweise als auf dem Nachweis, dass die Konzentration auf diese Lernstile tatsächlich die gewünschten Ergebnisse hervorbringt. Die Befürworter der Lernstil-Theorie behaupten, der Lernprozess sei weniger effektiv (oder sogar ineffektiv), wenn die Schüler keinen Unterricht erhielten, der ihren Lernstil berücksichtigt. In gewisser Weise glauben sie, die Berücksichtigung der verschiedenen Lernstile führe also zu besseren Lernergebnissen. In den letzten Jahren stellten Forscher jedoch ernsthaft infrage, inwieweit die Lernstil-Methode praktische Auswirkungen im Bildungskontext hat. Größtenteils deuten Studien darauf hin, dass die Nutzung der Lernstil-Methode nicht zu besseren Ergebnissen führt, und auch, dass es zu wenig empirische Beweise für ihren Nutzen gibt.

Auf einer grundsätzlichen Ebene gibt es keine adäquaten Beweise aus der aktuellen Forschung, welche die Lernstil-Methode als die beste Art zu lehren und neue Informationen aufzunehmen rechtfertigen können. Studien, die über eine geeignete Testmethodik verfügen (was eine Seltenheit ist), haben sogar festgestellt, dass die Anwendung dieser Methode negative Ergebnisse haben kann.

Mit anderen Worten: Man hält immer noch an der Lernstil-Methode fest, was jedoch leider nicht durch wissenschaftliche Studien gestützt ist, weil diese Methode nicht die Ergebnisse bringt, die sie verspricht. Das Lernstil-Modell kann sogar in Wirklichkeit das Erlernen neuer Fähigkeiten untergraben.

Betrachten Sie diese Aussagen einmal auf folgende Weise: Wenn Sie Zeit und Geld darauf verwenden, Ihren Lernprozess auf eine bestimmte Methode zuzuschneiden, dann vernachlässigen Sie die anderen Lernmethoden, die Ihre Wissensbasis ganzheitlicher bereichern würden. Sie sind nicht nur ein visueller Lerner. Wie bei vielen Dingen kann diese Kategorisierung eine Präferenz sein, zu der Sie sich in bestimmten Szenarien oder Kontexten hingezogen fühlen. Es wäre jedoch eine Einschränkung für Sie und Ihre Fähigkeit, neue Themenbereiche zu erlernen, wenn Sie sich ausschließlich als visuellen Lerner einstufen würden.

Was Sie stattdessen tun sollten

Forscher wiesen auf handlungsorientierte Lernstrategien hin, die eine individuelle Herangehensweise an neue Fähigkeiten und Themen umfassen. Wenn Sie etwas Neues lernen, dann ist es am besten, wenn Sie die optimale Herangehensweise für jede Art von Lehrstoff identifizieren, die auf diesem speziellen Themengebiet basiert. Wenn Sie zum Beispiel Englischlehrer sind, der einen Lehrplan für einen Schriftkurs erstellen muss, dann werden Sie in Ihrem Unterricht viel Wert auf einen starken verbalen Aspekt legen, wohingegen die effizienteste und effektivste Methode, um Geometrie zu unterrichten, Materialien erfordert, die sich auf visuelle und räumliche Techniken zum Lernen beziehen. Unterschiedliche Menschen werden immer auf unterschiedliche Art und Weise lernen. Dies ist vielleicht die wichtigste Lektion, die wir aus dem Lernstil-Modell übernehmen können. Was für Sie in Ihrem Lernprozess hilfreicher sein wird, ist die Art und Weise, wie Sie die verschiedenen Lernmethoden auf die verschiedenen Fähigkeiten bzw. Fertigkeiten anwenden, die Sie lernen wollen. Wenn Sie sich für das Themengebiet Musik interessieren, dann sollten Sie einen auditiven Lernstil einsetzen. Wenn Sie lernen wollen, wie man zeichnet, dann sollten Sie ein visuelles Lernstilmittel wählen, und so weiter. Je geschickter Sie also in dieser Hinsicht als Schüler sind, desto wahrscheinlicher ist es, dass Sie Erfolg haben werden.

Stellen Sie sich das Lernen wie einen Werkzeugkasten vor: Sie sollten so viele Werkzeuge (Lernstile) wie möglich in Ihrem Werkzeugkasten haben, damit Sie das bestgeeignete Werkzeug für die jeweilige Situation auswählen können. Um bei dem obigen Beispiel zu bleiben, wäre es viel besser, wenn Sie zwar akzeptieren, dass Sie sich in erster Linie zum visuellen Lernen hingezogen fühlen, gleichzeitig aber auch Ihre Fähigkeit zum auditiven und kinästhetischen Lernen (und so weiter) stärken, damit Sie sich besser auf der Basis von Inhalt und Kontext gegenüber einer gewohnheitsmäßigen Präferenz positionieren können. Diese Vorgehensweise wird wiederum Ihre neuronale Elastizität aufbauen und es Ihnen erlauben, sich leichter an das Erlernen neuer Dinge anzupassen. Denken Sie einfach daran: Der Inhalt ist der Schlüssel zum Lernen.

Mein Vorschlag für das Erlernen neuer Fähigkeiten besteht darin, rückwärts zu arbeiten. Beginnen Sie damit, Ihre Lernstrategie auf den Inhalt abzustimmen, den Sie erlernen wollen, anstatt sich auf den Stil zu stützen. Wenn Sie versuchen, Ihre Lesefähigkeiten zu verbessern, dann besteht der erste Schritt schlicht und ergreifend darin, mehr zu lesen – und zwar richtig zu lesen. Nehmen Sie sich Zeit, um die Wörter, die Sie lesen, wirklich zu verstehen. Dasselbe gilt für die Syntax, die Satzstruktur, eben für sämtliche Aspekte. Diese Vorgehensweise mag zwar mühsam erscheinen, doch echtes Lernen basiert auf dem Inhalt, den Sie sich aneignen wollen, und nicht auf einer unbewiesenen Standardmethode. Sie streben ein Ergebnis an, was bedeutet, dass Sie zuerst mit dem Ziel beginnen und sich dann schrittweise darauf zubewegen sollten.

Studien haben ebenfalls gezeigt, dass Ihnen die Nutzung Ihres Vorwissens beim Erlernen neuer Dinge hilft. Die Informationen, die Sie bereits besitzen, haben einen starken Einfluss darauf, wie gut Sie neue Informationen behalten können. Wenn wir neue und alte Informationen miteinander verbinden, wird ein Teil des Gehirns, der mit dem Lernprozess in Verbindung steht, aktiviert. Dies hat zur Folge, dass sich Menschen, die etwas Neues lernen wollen, gedankliche Stützen zu den Dingen, die sie noch nicht kennen, aufbauen können. Auf diese Weise wird ihre Fähigkeit, neue Informationen aufzunehmen, verbessert und beschleunigt. Wenn Sie besser im Lesen werden wollen, dann wählen Sie ein Thema, in dem Sie sich recht gut auskennen oder an dem Sie ein gewisses Interesse haben. Haben Sie in der Schule eine bestimmte Sportart gerne gemacht? Interessiert Sie das Thema Geografie? Dann wählen Sie ein Buch aus, von dem Sie wissen, dass es Ihnen „leichter" fallen wird, es zu lesen, damit Sie sich selbst motivieren können, am Ball zu bleiben.

Wenn Sie motiviert bleiben, wird Ihnen das dabei helfen, sich zu konzentrieren und sich dem Lernprozess zu widmen. Lernen auf Basis der Dinge, die Sie interessieren, ist nützlich, weil die neuen Informationen darauf aufbauen werden. Es ist eine Möglichkeit, sich selbst dazu zu bringen, die Dinge, die Sie erlernen wollen, wirklich zu mögen. Wie bei allen Dingen des Lebens gilt auch hier: Je mehr Spaß wir bei einer Sache haben, desto wahrscheinlicher ist es, dass wir sie weiterhin tun.

Mythos Nr. 2: Wiederholen und Markieren der gelesenen Informationen helfen Ihnen beim Lernen

Angenommen, es steht ein wichtiges Meeting bevor. Sollten Sie nun besser Ihre Gesprächsinhalte auffrischen oder Ihre Materialien erneut lesen? Verfügen Sie über Stichpunkte? Oder vielleicht haben Sie Sätze auswendig gelernt, um sie Ihren Kollegen zu präsentieren? Was auch immer Ihr Ansatz ist, Sie werden möglicherweise überrascht sein, wenn Sie die Statistiken darüber hören, was funktioniert und was nicht.

Insbesondere Hervorhebungen und Unterstreichungen haben sich als ziemlich ineffektive Lernstrategien erwiesen. Die Forschung zeigt, dass dieser Ansatz in der Tat eine passive Art des Lernens ist und wahrscheinlich nicht die gewünschten Ergebnisse liefern wird. Ständiges, wiederholtes passives Lesen desselben Textes wird nicht dazu führen, dass Sie die Inhalte besser verstehen oder dass Sie sich besser an die Inhalte erinnern werden, es sei denn, Sie tun dies über einen längeren Zeitraum. Solche Methoden sind zwar weit verbreitet, bieten jedoch nur sehr wenig Nutzen über die Lektüre des Textes hinaus. Sie müssen sich aktiv mit dem Material befassen.

Einige Untersuchungen haben sogar ergeben, dass Hervorhebungen Ihren Lernprozess beeinträchtigen können, weil diese den Leser davon ablenken, Zusammenhänge herzustellen und ein Gesamtverständnis zu erreichen, da stattdessen die Aufmerksamkeit auf einzelne Fakten gelenkt wird. Hervorheben oder Unterstreichen von Informationen kann ebenfalls nachteilig sein, wenn die falschen Informationen ausgewählt werden. Auch das wiederholte Lesen von Informationen wurde im besten Fall als ineffektiv, im schlimmsten Fall jedoch als ablenkend und zeitraubend empfunden. Das Schreiben von Zusammenfassungen bzw. die Erstellung eigener Notizen während des Lesens wurde als hilfreicher empfunden als das Hervorheben oder Unterstreichen der Informationen, und zwar abhängig von Ihrer relativen Fähigkeit, dies zu tun. Insgesamt werden alle diese Methoden von der wissenschaftlichen Gemeinschaft als weniger hilfreich für einen effektiven Lernprozess angesehen.

Trotzdem waren laut einer Studie von Ulrich Boser, dem Autor von „Learn Better: Mastering the Skills for Success in Life, Business, and School, or How to Become an Expert In Just About Anything", mehr als achtzig Prozent der Befragten der Meinung, wiederholtes Lesen sei eine sehr effektive Lernmethode. Ähnlich wie die allgemeine Meinung über Lernstile ist auch in diesem Fall die verbreitete Meinung über wiederholtes Lesen, Hervorheben und Unterstreichen eher in der häufigen Vorgehensweise verwurzelt als in empirischen Beweisen.

Wir nehmen oftmals vorschnell an, dass wir Menschen ähnlich wie ein Computer funktionieren, weil unser Gehirn als eine Art Festplatte für unsere geistigen Funktionen dient. Wir sind jedoch mehr wie eine Datenbank, die verschiedene Datensätze sammelt. Was das Thema Lernen angeht, so funktionieren wir Menschen jedoch nicht auf diese Weise. Boser stellte stattdessen fest, dass Lernen oftmals eine „Form des geistigen Tuns" und somit eine unterstützte, aktivere, engagiertere Methode des Lernens darstellt. Wir müssen dem Inhalt, den wir zu erlernen versuchen, einen Sinn geben, damit er sich in unser mentales System als ein umfassenderes Verständnis integrieren kann.

Was Sie stattdessen tun sollten

Im Gegensatz zu bekannteren Praktiken wie Hervorheben und wiederholtem Lesen sind aktive Lernstrategien effizienter, auch wenn diese nicht so bekannt sind. Zum Beispiel ist die verteilte Lernmethode eine Möglichkeit, bei der Sie Ihre Lerneinheiten aufteilen, anstatt sich auf einen Lernmarathon einzulassen, was gemeinhin als „Pauken" bezeichnet wird. Pauken mag Ihnen zwar dabei helfen, ein Meeting oder eine Prüfung zu überstehen, doch damit werden Ihnen die Informationen nicht dauerhaft in Erinnerung bleiben. Es ist effektiver, Ihre Lerninhalte auf Intervalle zu verteilen, sodass Sie den Lernstoff besser verarbeiten können. Längere Intervalle bedeuten länger anhaltendes Lernen.

Kurzfristig können Sie, anstatt wichtige Informationen wiederholt zu lesen, hervorzuheben oder zu unterstreichen, die Informationen in ein kurzes Quiz verwandeln. Diese aktivere Strategie ermöglicht es Ihnen, das Gelernte sowohl zu verarbeiten als auch besser in Ihrem Gedächtnis zu verankern. Sie können dies tun, indem Sie sich am Ende jedes Absatzes fragen, was der Autor Ihnen sagen will, und dies in Ihren eigenen Worten wiederholen. Fassen Sie die Inhalte zusammen und vergleichen Sie sie dann mit den

Dingen, die Sie bereits wissen. Inwiefern sind die neuen Inhalte ähnlich zu denen, die Sie bereits gelesen haben? Inwiefern unterscheiden Sie sich? Wie verhalten sich die neuen Inhalte zu anderen Materialien, die Ihnen zu diesem Thema begegnet sind? Wenn Sie beginnen, einen Sinn in dem, was Sie lesen, zu erkennen, werden Sie Ihr Lernpotenzial vertiefen.

Mythos Nr. 3: Konzentrieren Sie sich immer nur auf ein einziges Thema

Früher sagte man uns, es sei eine gute Idee, eine Fähigkeit nach der anderen zu üben. Wenn Sie zum Beispiel Anfänger waren, was das Klavierspielen betrifft, dann wurde Ihnen möglicherweise geraten, dass Sie zuerst Tonleitern und dann Akkorde üben sollten, bevor Sie versuchen, alles andere zu lernen. Wenn Sie sich eine neue Sportart aneignen wollten, dann wurde Ihnen oftmals gesagt, dass Sie immer einen einzelnen Bewegungsablauf nach dem anderen lernen sollten. In der Forschung wird diese Vorgehensweise als Blockieren bezeichnet, die es als gesunder Menschenverstand einfach zu befolgen gilt. Die Blockier-Methode ist zudem die vorherrschende Unterrichtspraxis in Schulen, professionellen Trainingsprogrammen und dergleichen.

Besonders wenn es darum geht, ein schwieriges Themengebiet zu erlernen, lautet die landläufige Meinung, man solle eine Sache nach der anderen üben. Wenn Sie lernen, eine neue Software-Suite zu benutzen, wird Ihnen geraten, dass Sie an einem Tag ein Programm üben und am nächsten Tag ein anderes, sodass Sie sich darauf konzentrieren können, jedes Programm vollständig zu verstehen, bevor Sie zu etwas Neuem übergehen. Untersuchungen zeigen jedoch, dass ähnliche Informationen Sie eher durcheinanderbringen, wenn Sie auf diese Weise eine Menge Unterrichtsstoff desselben Themas an einem Tag lernen. Blockieren als Lerntechnik hält Sie davon ab, zwischen zwei ähnlichen Konzepten zu unterscheiden.

Denken Sie darüber nach. Wenn Sie auf eine Reihe von Konzepten (oder Begriffen oder Prinzipien) stoßen, die sich in irgendeiner Weise ähneln, ist die Wahrscheinlichkeit höher, dass Sie diese miteinander verwechseln. Es kann passieren, dass Sie ein Wort mit einem anderen mit ähnlicher Schreibweise verwechseln oder die falsche Strategie für ein mathematisches Problem wählen, weil eine ähnliche Gleichung verwendet wird. Sie werden häufiger Fehler machen, wenn Sie sich jeweils nur einem einzigen Konzept aussetzen.

Was Sie stattdessen tun sollten

Ein alternativer Ansatz besteht darin, sich verschiedenen Konzepten auszusetzen, indem Sie diese miteinander verflechten (oder mischen), sodass auf ein Konzept ein anderes folgt. Es hat sich nämlich herausgestellt, dass das parallele Lernen von verwandten Fähigkeiten bzw. Konzepten eine überraschend effektive Methode ist, um Ihr Gehirn zu trainieren. Es ist effektiver, jeden Tag mehrere Fächer zu lernen, als sich nur in ein oder zwei Fächer einzuarbeiten (besonders wenn Sie „pauken"). Indem Sie unterschiedliche Themengebiete miteinander vermischen, geben Sie Ihrem Gehirn mehr Zeit, neue Lerninhalte zu konsolidieren. Dieser Effekt wird im Allgemeinen als „Verschachtelungseffekt" bezeichnet und ermöglicht es Ihnen, das Kernkonzept bzw. das große Ganze zu verstehen, da Sie beim Mischen der verschiedenen Konzepte ein besseres Gefühl dafür bekommen, was jedes einzelne bedeutet.

Anstatt also als Klavieranfänger nur Tonleitern und dann Akkorde und dann Arpeggien zu üben (wie beim Blockieren), würde die Verschachtelungstechnik bedeuten, dass man an einem bestimmten Tag abwechselnd alle der oben genannten Konzepte übt. Studien haben gezeigt, dass diese gemischte Lernmethode dem Blockieren in einer Vielzahl von Fächern überlegen ist, von Sport bis hin zu kategorialem Lernen (z. B. Mathematik). Kürzlich fand eine Studie sogar heraus, dass die Verschachtelungstechnik die Fähigkeit des kritischen Denkens fördert, da Studenten, die mit dieser Technik trainiert wurden, in komplexen Lernszenarien genauere Einschätzungen abgeben konnten als diejenigen, die Blocking-Techniken verwendeten.

Zudem stellte man fest, dass der Verschachtelungseffekt langanhaltende Auswirkungen auf den Lernerfolg hat, da dieser die neuronalen Verbindungen zwischen verschiedenen Aufgaben und korrekten Antworten verstärkt, was Ihren Lernprozess im Laufe der Zeit verbessert. Dies kann am Anfang zwar oftmals langsam und schwierig erscheinen, doch langfristig gesehen, verzeichnen Sie auf diese Weise bessere Ergebnisse. Die Wahrscheinlichkeit ist geringer, dass Sie das Gelernte vergessen, weil unser Gehirn durch mehrere Übungsversuche, die voneinander abweichen, die Fähigkeit verbessert, zwischen Konzepten zu unterscheiden. Auf diese Weise entfallen automatische Reaktionen wie beim Blockieren. Bei der Blockier-Methode wird der Lernprozess beendet und Ihr Gehirn „schaltet sich ab", sobald Sie wissen, welche Lösung korrekt ist bzw. welche Taktik funktioniert. Durch die Verschachtelungstechnik bringen Sie Ihr Gehirn dazu, sich bewusst darauf zu konzentrieren, die richtige Lösung basierend auf dem Kontext des Problems zu finden. Dieser Prozess kann Ihnen dabei helfen, Ihre Fähigkeit zu verbessern, kritische Merkmale neuer Fähigkeiten und Konzepte zu erlernen, sodass Sie bessere Antworten auswählen und umsetzen können.

Mythos Nr. 4: Die Zehntausend-Stunden-Regel

Der Journalist und Autor Malcolm Gladwell machte die sogenannte Zehntausend-Stunden-Regel populär, welche besagt, dass man zehntausend Stunden üben müsse, um in einem bestimmten Bereich Weltklasse zu erlangen. Neuere Forschungsergebnisse widersprechen dieser Regel jedoch und legen nahe, dass die Anzahl an Übungsstunden, die man im Laufe der Zeit ansammelt, keine große Rolle bei der Erklärung individueller Leistungsunterschiede in allen Lernbereichen zu spielen scheint, einschließlich Musik, Sport und professioneller (oder Erwachsenen-)Bildung. Obwohl Übung sicherlich wichtig ist für das Erlernen neuer Fähigkeiten oder das Einarbeiten in ein neues Thema, so gibt es dennoch keine magische Anzahl von Stunden, die Sie zu einem Experten macht oder Sie auf das Leistungsniveau eines professionellen Sportlers oder Musikers bringt.

In Wirklichkeit macht Übung allein nicht den Meister. Man stellte fest, dass das sogenannte bewusste Üben weniger Einfluss auf den Aufbau von Fachwissen hat, als bisher angenommen. Forscher untersuchten die Methode des bewussten Übens, um zu verstehen, ob Experten „geboren" oder „gemacht" werden – oder vielleicht ein bisschen von beidem.

Insgesamt ergaben die Studien, dass bewusstes Üben zwar wichtig ist, jedoch nicht so wichtig, wie Befürworter dieser Methode meinen. Es besteht ein positiver Zusammenhang zwischen Übung und Leistung, d. h., je mehr Menschen geübt haben, desto höher ist ihr Leistungsniveau in einem bestimmten Bereich. Der Unterschied besteht jedoch darin, dass der betreffende Bereich einen großen Unterschied in Bezug auf die Effektivität ausmacht. Bewusstes Üben ist sehr effektiv für Spiele wie Scrabble oder Schach, jedoch weniger effektiv in den Bereichen Sport, Psychologie und ähnlichen Themengebieten.

Was Sie stattdessen tun sollten

Die wichtige Frage, die man sich stellen muss, lautet: Was ist neben dem Übungsaspekt noch wichtig? Forscher an der Princeton University verweisen auf das Alter, in dem eine Person mit einer Aktivität beginnt, sowie auf individuelle Unterschiede in der Fähigkeit und dem Engagement zum Lernen, wenn sie die Unterschiede in der menschlichen Leistung erklären wollen.

Während sich die Forscher darauf konzentrieren, herauszufinden, warum bewusstes Üben nicht die Antwort ist, können Sie Ihre Aufmerksamkeit darauf richten, dass es keine magische Zahl für Ihre Fortschritte gibt. Machen Sie sich nicht selbst fertig, indem Sie versuchen, eine willkürliche Zahl zu erreichen, die Ihnen vielleicht oder vielleicht auch nicht dabei hilft, Ihr Ziel zu erreichen – und höchstwahrscheinlich nicht dabei helfen wird. Auf diese Weise werden Sie nicht zum Experten, sondern demotivieren sich selbst während dieses Prozesses.

Welche Strategien stattdessen funktionieren, hat nicht nur etwas mit dem Faktor Zeit zu tun, sondern auch damit, ob Sie sich Rat und Input von außen holen. Diese Art von Feedback ist entscheidend für Ihren Lernerfolg und hilft Ihnen dabei, die nötige Verantwortung zu übernehmen. Aus diesem Grund können Coaches oder Tutoren äußerst vorteilhaft für Ihren Erfolg sein.

Mythos Nr. 5: Ihr Gehirn ist entweder rechts- oder linksdominant

Die Vorstellung, dass unser Gehirn entweder rechts- oder linksdominant ist, existiert schon seit einiger Zeit. Gemäß dieser Theorie gehen Menschen mit einer starken linken Gehirnhälfte logischer, analytischer und methodischer vor, während Menschen mit einer dominanten rechten Gehirnhälfte kreativer und künstlerisch begabter sind. Diese Vorstellung ist die Grundlage für unzählige Persönlichkeitstests, Selbstmotivationsbücher und Pseudo-Psychologie-Fragebögen, obwohl es hierfür keine wissenschaftliche Grundlage gibt. In Wirklichkeit bestehen Verbindungen zwischen allen Gehirnregionen, die es uns Menschen ermöglichen, sowohl kreativ als auch analytisch zu denken. Diese Aspekte sind nicht nur auf die eine oder andere Seite beschränkt.

Eine aktuelle Studie der Universität von Utah entlarvte den Mythos durch eine Analyse von mehr als tausend Probanden ein für alle Mal. Die Studienergebnisse besagen, dass Menschen nicht typischerweise entweder ihre rechte oder linke Gehirnhälfte bevorzugen. Stattdessen nutzen wir unser gesamtes Gehirn gleichmäßig während des gesamten Versuchsverlaufs. Wir bevorzugen jedoch die eine oder andere Seite und zwar je nach Kontext. Wissenschaftler nennen dieses Phänomen „Lateralisierung", wenn wir eine Hirnregion stärker als die andere benutzen und zwar abhängig von der spezifischen Funktion, die benötigt wird. Zum Beispiel werden unsere sprachlichen Fähigkeiten bei den meisten Rechtshändern in der linken Gehirnhälfte gebildet, doch das bedeutet nicht, dass große Schriftsteller oder Redner die linke Gehirnhälfte stärker nutzen als die rechte oder dass eine Gehirnhälfte größer oder reicher an neuronalen Aktivitäten ist.

Was Sie stattdessen tun sollten

Lassen Sie sich nicht in eine dieser irreführenden Kategorien einteilen. Wir alle nutzen unser gesamtes Gehirn gleichermaßen. Die Tatsache, dass unsere beiden Gehirnhälften miteinander verbunden sind, ermöglicht es uns, sowohl kreativ als auch analytisch zu denken, je nachdem, was wir gerade lernen. Konzentrieren Sie sich darauf, wie Sie die Fähigkeiten oder das Fachwissen, das Sie schon lange erlernen wollten, weiter ausbauen können. Selbst wenn Sie dazu neigen, eher analytisch als kreativ zu sein oder umgekehrt, liegt das nicht daran, dass Sie sich zu sehr (oder zu wenig) auf eine bestimmte Hälfte Ihres Gehirns verlassen. Es ist nicht hilfreich, wenn Sie versuchen, in eine bestehende (und falsche) Kategorie hineinzupassen. Stattdessen sollten Sie Ihre Lernfähigkeiten auf eine Weise verbessern, die Ihnen dabei hilft, flexibel zu sein und neue Informationen längerfristig zu behalten.

Zusammenfassung des Kapitels

Lernmythen sind schädlich in der Art und Weise, wie die meisten Menschen sie verinnerlicht haben. Die Substanz hinter diesen Überzeugungen fehlt und ist irreführend für uns, wenn wir uns dem Erlernen neuer Fähigkeiten und Themengebiete widmen. Unabhängig davon, was Sie zu lernen versuchen, müssen Sie sich eine Strategie zurechtlegen, die für Sie funktioniert. Den Lernprozess kann Ihnen niemand abnehmen, was bedeutet, dass Sie Ihre eigenen Lernregeln aufstellen müssen. Sie sind für Ihren Lernprozess selbstverantwortlich, also müssen Sie Ihre Wahrnehmung, Ihre Motivation, Ihr Verhalten und Ihre Lernumgebung im Auge behalten, um organisiert und konzentriert zu bleiben. Dieser Prozess beginnt damit, dass Sie verstehen, was Sie nicht tun sollten. Im nächsten Kapitel lernen Sie wichtige Prinzipien kennen, die Ihnen dabei helfen werden, Prioritäten zu setzen, welche schlussendlich Ihren Lernprozess beschleunigen werden.

KAPITEL ZWEI:

Sieben Schlüsselprinzipien, die den Lernprozess optimieren

Etwas Neues zu lernen, kann zunächst ziemlich schwierig erscheinen – und das entspricht auch oftmals der Wahrheit. Die gute Nachricht ist allerdings, dass Sie etwas dagegen tun können. Sie können Ihre Lernfähigkeit verbessern, indem Sie eine gute, zu Ihnen passende Strategie entwickeln und einige grundlegende Richtlinien befolgen, die Ihnen dabei helfen werden, Ihren Lernprozess zu beschleunigen.

Beschleunigtes Lernen ist kein neues Konzept und wird von Pädagogen schon seit Jahrzehnten als Methode eingesetzt, um eine schnellere Lernrate bei Studenten zu erreichen. Um die gewünschten Lernergebnisse in kürzerer Zeit zu erzielen (im Vergleich zu konventionellen Lehrmethoden), müssen wir zunächst verstehen, dass es sich um einen ganzheitlichen Lernansatz handelt. Bei dieser Methode wird eine Mischung aus pädagogischen und psychologischen Theorien kombiniert, um den Lernprozess zu verbessern und zu beschleunigen. Am wichtigsten ist hierbei wahrscheinlich, wie die Methode den emotionalen und intellektuellen Zustand der lernenden Person als Lerngrundlage nutzt. Sie stützt sich auf die intrinsische Motivation, um die Lernfortschritte voranzutreiben, indem sie sich auf die Bedürfnisse, Ziele, Lebensumstände usw. der lernenden Person konzentriert, sodass diese Methode wirklich einen menschenzentrierten und praktischen Lernansatz bietet.

Ein führender Experte für diese Methodik ist Dave Meier, der das Buch "The Accelerated Learning Handbook: A Creative Guide to Designing and Delivering Faster, More Effective Training Programs" schrieb. Meier beschreibt die beschleunigte Lernmethode als die Nutzung von Musik, Farben, Emotionen, Spiel und Kreativität in einer Art und Weise, die den ganzen Menschen in den Lernprozess einbezieht, um die Lernerfahrung spannender und bunter zu gestalten. Die Prinzipien, die in diesem Kapitel zusammengefasst werden, stammen direkt aus seinem umfassenden Leitfaden zum schnelleren Erlernen neuer Dinge.

Ich werde mich auf die sieben führenden Prinzipien konzentrieren, welche die Schwerpunkte von Meiers Handbuch bilden, sodass Sie eine Vorstellung davon erhalten, wie Sie das gewünschte Wissen erwerben können. Jedes Prinzip ist aus detaillierten Studien über den menschlichen Verstand und führenden Lernmethoden abgeleitet. Sie können diese Prinzipien nutzen, um substanzielle Lernpraktiken zu entwickeln, die Ihr ganzes Gehirn einbeziehen und Ihre Lernprozesse optimieren. Sobald Sie diese grundlegenden Prinzipien des beschleunigten Lernens verstanden haben, werden Sie in der Lage sein, diese auf korrekte Art und Weise in Ihre Lerntechniken zu implementieren.

Aktivieren Sie Ihren gesamten Körper und Geist

Lernen findet nicht nur in Ihrem Verstand statt, sondern ist eine Kombination aus Ihrem Körper und Ihrem Geist und der Verbindung zwischen diesen beiden. Das bedeutet, dass Sie Ihr ganzes Wesen zum Lernen nutzen müssen: Ihren Verstand, Ihren Körper, Ihre Emotionen und all Ihre Sinne. Die Wissenschaft hat uns gezeigt, dass die Nutzung unseres gesamten Gehirns entscheidend ist, um unsere Lernprozesse schneller, interessanter und nachhaltiger zu gestalten. Gehirn und Körper sind untrennbar miteinander verbunden. Wenn Sie sich beispielsweise körperlich bewegen, so kann dies Ihre Gehirnfunktion erheblich verbessern, und bestimmte Geisteszustände können eine tiefgreifende Auswirkung auf Ihren Körper haben.

Ihre Denk- und Lernprozesse sowie Ihr Gedächtnis befinden sich nicht nur in Ihrem Kopf, sondern sind vielmehr über Ihren gesamten Organismus verteilt. In ihrem Buch „The Molecules of Emotion" beschreibt Candice Pert, wie viel von unserem Denken, Lernen und unserer Entscheidungsfindung tatsächlich auf zellulärer und molekularer Ebene stattfindet. Es ist daher beunruhigend, dass uns stets beigebracht wurde, unseren Körper von unserem Geist zu trennen. Traditionelles Lernen konzentriert sich auf eher bewusste oder rationale Prozesse, die in der linken Gehirnhälfte stattfinden, oder wird streng verbal ausgeführt. Sie tendieren dazu, die anderen Sinne zu ignorieren, indem Lernumgebungen geschaffen werden, die den Körper nicht mit einbeziehen, was unsere Gefühle und Sinne miteinschließen würde. In einem Lernkontext helfen körperliche Bewegungen, chemische Substanzen zu stimulieren, die für die Aktivierung des neuronalen Netzwerks unseres Gehirns wichtig sind. Diese Form des Lernens wird als „somatisches Lernen" bezeichnet und steht für taktiles, kinästhetisches oder praktisches Lernen.

Menschen, die somatisch lernen, sind in der westlichen Kultur tendenziell benachteiligt, weil unsere Bildungstraditionen dazu neigen, den Körper als zentrales Element für Lernprozesse zu missachten. Früher sagten wir Kindern, sie sollen stillsitzen und im Unterricht aufmerksam zuhören, anstatt Abenteuerlust, Bewegung und aktivitätsbasiertes Lernen zu fördern. Es gibt viele Möglichkeiten, den gesamten Körper in Lernprozesse einzubeziehen; Lernprozesse müssen nicht nur oder sogar hauptsächlich körperlicher Natur sein. Es ist stattdessen wichtig, irgendeine Art von körperlicher Aktivität in Ihren Lernprozess zu integrieren, und zwar so, dass Sie zwischen körperlich aktivem und körperlich passivem Lernen abwechseln.

Konsumieren Sie nicht nur – erschaffen Sie

Meier schreibt, dass Wissen nicht nur etwas ist, das Sie in sich aufnehmen, sondern vielmehr das ist, was Sie als lernende Person erschaffen. Lernen geschieht, wenn Sie neues Wissen vollständig integrieren, indem Sie es auf eine Weise anwenden, die es für Sie besonders bedeutungsvoll macht. Sie können grundlegenden Inhalten mehr Gewicht beimessen, indem Sie eine neue Bedeutung für diese Inhalte schaffen, welche diese für Sie relevant macht. Dies geschieht, wenn Sie neue neuronale Netzwerkverbindungen und neue Muster von Interaktionen auf molekularer Ebene in Ihrem Körper bilden, indem Sie verschiedene Konzepte miteinander verbinden. Dies wiederum hilft Ihnen dabei, einen neuen Arbeitsprozess durchzusetzen oder eine praktischere Anwendungsmöglichkeit von neu gewonnenem Wissen zu kreieren.

Während Sie sich auf den Lernprozess vorbereiten, sollten Sie darauf achten, einen natürlichen, eher kindlichen Zustand des Staunens einzunehmen, damit Ihre angeborene Fähigkeit zu lernen aktiviert wird. Dieser Zustand ist gekennzeichnet durch die Aspekte Offenheit, Freiheit, Furchtlosigkeit, Freude und Neugierde. Wenn Sie Ihren Sinn für Neugierde wecken, öffnen Sie sich für neue Möglichkeiten und Zusammenhänge. Im Grunde genommen machen Sie sich voll und ganz bereit, neue Informationen aufzunehmen und zu verarbeiten. Der Lernprozess wird, ähnlich wie das Leben selbst, stagnieren, wenn es nichts mehr gibt, worauf Sie neugierig sind oder womit Sie sich beschäftigen können. Wecken Sie Ihre Neugier, indem Sie Fragen zu den Inhalten stellen, die Sie lernen möchten, und Sie werden feststellen, dass Sie auf eine Weise lernen und sich weiterentwickeln werden, die Sie sich nie hätten vorstellen können. Wenn Sie Ihren Lernprozess wie ein Problem oder ein Mysterium angehen, dann werden Sie Ihre Neugierde ansprechen und mehr Motivation zum Lernen finden.

Sie können Ihren Sinn für Neugierde ebenfalls nutzen und entwickeln, indem Sie sich spielerisch mit Lerninhalten auseinandersetzen. Wenn wir ein spielerisches Gefühl haben, setzt unser Körper Endorphine frei, die uns positive Gefühle bescheren und unserem Körper und unserem Geist dabei helfen, sich auf das einzulassen, was wir gerade tun wollen. In Bezug auf das Lernen bedeutet dies, dass wir eine kreative Intelligenz entwickeln, die unsere Fähigkeit, zu lernen und uns weiterzuentwickeln, antreibt.

Arbeiten Sie mit anderen zusammen

Traditionelle Lernprozesse haben eine Tendenz zu Wettbewerbsdenken und individualistischem Lernen geschaffen, welche von Isolation geprägt ist. Die Lehrmethoden und Universitäten beförderten historisch gesehen den Individualismus und den Wettbewerbsgedanken gegenüber einem eher stammesbasierten, kollaborativen Ansatz beim Lernen und der Interaktion mit anderen. Die Bildungswissenschaften tendierten dazu, individuelle Leistung durch individuelle Benotung zu betonen, welche strikt darauf basiert, wie die Studenten abschneiden, da jeder um die besten Noten konkurriert. Aus theoretischer Sicht sollte dieser Ansatz selbstständige Individuen schaffen, die unabhängig und in Konkurrenz zueinander arbeiten und als ein motivierender Faktor dienen, von dem die Pädagogen hofften, dass er zu größeren individuellen Leistungen führen würde. Diese Überbetonung des Individualismusaspekts innerhalb der Bildungswelt verhindert jedoch, dass das Kollektiv sein volles Potenzial ausschöpfen kann, was ebenfalls bedeutet, dass die einzelnen Schüler darunter leiden. Isolation schafft oftmals ein Umfeld von Stress und reduziert tendenziell die Lerngeschwindigkeit sowie die Lernqualität. Der kompetitive Ansatz schafft Silos anstatt Brücken zwischen den lernenden Personen, die einen Austausch von Informationen, intelligentem und echtem Feedback ermöglichen.

Die Zusammenarbeit zwischen lernenden Personen verbessert die Lernprozesse. Die Kooperation mit anderen Menschen sorgt für einen Prozess der Interaktion, der eine soziale Basis und ein Netzwerk der Unterstützung schafft. Diese soziale Basis fördert das Lernen, weil wir Menschen soziale Lerner sind. Die Zusammenarbeit zwischen Schülern, z. B. das Lernen in einer Lerngemeinschaft, schafft Raum für Einzelpersonen, um wirklich miteinander zu interagieren und sich mit dem Lerninhalt auseinanderzusetzen, und zwar auf eine Art und Weise, die nicht durch Hierarchien abgelenkt wird. Wettbewerb bedeutet, dass es einen Gewinner und einen Verlierer gibt, wohingegen bei der Gemeinschaftsarbeit eine fördernde, verständnisvolle Umgebung existiert, in der das Lernen geschützt und unbefangen stattfinden kann. Es existiert nicht länger das Gefühl des Wettbewerbs zwischen langsameren und schnelleren Schülern, wodurch unweigerlich Möglichkeiten der Zusammenarbeit entstehen, die dabei helfen, den Erwerb von Fähigkeiten zu beschleunigen. Der Kooperationsaspekt hilft den Lernenden dabei, ihre soziale Intelligenz zu entwickeln, was, wie Forscher herausgefunden haben, die Lernfortschritte deutlich verbessert.

Das Aufbauen einer echten und kollaborativen Lerngemeinschaft, in der jeder seine eigenen besonderen Erfahrungen oder sein einzigartiges erworbenes Wissen mit anderen teilen kann, hat das Potenzial, als Lernwerkzeug besser zu funktionieren als das Lernen in Isolation. Wenn Sie versucht haben, alleine zu lernen und sich dabei ausgelaugt oder müde gefühlt haben oder das Gefühl hatten, nur suboptimale Ergebnisse zu erzielen, dann versuchen Sie, gemeinsam mit anderen Personen zu lernen, die sich auch für Ihr Studiengebiet interessieren, und schauen Sie, was passiert.

Lernen findet auf vielen Ebenen gleichzeitig statt

Die beschleunigte Lernmethode versucht, die Linearität des Lernens anzugehen, die aus traditionellen Lehrmethoden und der Grundlage der Psychologie resultiert. Der Behaviorismus als Wissenschaft versucht, menschliches Verhalten auf eine systematische Weise zu erklären, und doch brachte auch er eine Weltanschauung des Lernens hervor, die eher mechanistisch und losgelöst ist als inklusiv und miteinander verbunden. Die moderne formale Pädagogik geht davon aus, dass die lernenden Personen isoliert und getrennt voneinander agieren, was zu einer Fragmentierung des Lernprozesses führt. Der Lernprozess wird in separate Fächer aufgeteilt, Individuen lernen für sich alleine und Schülern wird beigebracht, eine Sache nach der anderen zu lernen.

Forscher haben jedoch nachgewiesen, dass Lernprozesse nicht linear verlaufen, sondern dass viele Dinge auf einmal verarbeitet werden müssen. Effektive Lernprozesse beschäftigen auf vielen

Ebenen gleichzeitig: bewusst, geistig und körperlich. Menschen nehmen Wissen mit all ihren Sinnen und mit ihrem ganzen Wesen auf. Wir verfügen über eine solch große Lernkapazität, wie sie von unseren Methoden der formalen Bildung noch nicht in vollem Umfang erkannt wurde. Das rationale Bewusstsein unseres Verstandes ist nur ein Teil unserer geistigen Kapazität und wir nutzen auch andere kognitive Funktionen wie verbale Verarbeitungsprozesse, kreative Vorstellungskraft und visuelle Stimulation, um unsere Lernfähigkeiten zu unterstützen. Das Gehirn arbeitet nicht sequenziell, sondern verarbeitet Informationen parallel und blüht auf, wenn es dazu herausgefordert wird, mehrere Dinge auf einmal zu tun.

Wenn Sie mehrere Methoden verwenden, um etwas zu lernen, dann werden Sie schlussendlich mehr Regionen Ihres Gehirns verwenden, um Informationen über dieses Thema zu speichern. Dadurch werden die Informationen besser miteinander verknüpft und in Ihrem Gehirn eingebettet, d. h., es entsteht im Grunde eine Redundanz des Wissens in Ihrem Gehirn, die Ihnen dabei hilft, die Informationen wirklich zu erlernen, anstatt sie nur auswendig zu lernen.

Erinnern Sie sich an die verschiedenen Lernstile aus Kapitel Eins? Versuchen Sie, verschiedene Arten von Lernstilen miteinander zu vermischen, um Informationen auf zahlreiche Arten aufzunehmen. Sie können dies tun, indem Sie verschiedene Medien verwenden, um unterschiedliche Teile des Gehirns zu stimulieren. Sie können zum Beispiel Notizen lesen, ein Lehrbuch durcharbeiten, ein Video ansehen und einen Podcast (oder eine Audiodatei) zu einem bestimmten Thema anhören. Je mehr Ressourcen (und Vielfalt) Sie verwenden, desto schneller lernen Sie.

Erledigen Sie die Arbeit (mit Feedback)

Wir wissen zweifelsfrei, dass Menschen am besten dann lernen, wenn Inhalte in realen Kontexten verankert sind. Kontextuelles Lernen ist nicht-linear, erfahrungsorientiert, vielschichtig und nutzt das gesamte Denkvermögen. Unser Gehirn ist so aufgebaut, dass es ganze Zusammenhänge verdaut, nicht eine isolierte Sache auf einmal. Nicht-kontextuelles Lernen erfolgt stückweise, fragmentiert und erinnert an das mechanistische Denken der Vergangenheit. Nicht-kontextuelles Lernen trainiert uns zu roboterhaften Reaktionen in einem engen Lernrahmen und lässt uns meistens mit einem Gefühl der Unerfülltheit und einem Mangel an Fähigkeiten zum kritischen Denken zurück.

Nachhaltiges Lernen entsteht durch die Arbeit selbst, gepaart mit Feedback. Informationen, die angewendet werden können, eignen sich viel besser als hypothetische Konstrukte oder abstrakte Konzepte. Fakten oder Fähigkeiten, die isoliert erlernt werden, sind schwerer aufzunehmen und verflüchtigen sich schneller aus dem Gedächtnis. Wenn wir die Arbeit selbst erledigen, dann haben wir zahlreiche Möglichkeiten zu lernen, indem wir kontinuierlich Informationen in uns aufnehmen, uns Feedback dazu einholen, über die Informationen reflektieren und erneut neues Wissen erwerben. Wir lernen zu singen, indem wir singen, wir lernen zu schwimmen, indem wir schwimmen, und so weiter. Als Schüler müssen wir vollständig in ein Thema eintauchen und es handlungsorientiert gestalten. Versuchen Sie, Ihr Themengebiet so authentisch und auf einen realen Kontext bezogen wie möglich zu gestalten, denn Erfahrung ist das beste Feedback. So können Sie auf vielen Ebenen lernen, Ihr ganzes Gehirn (und Ihren Körper) einzubeziehen und sämtliche Sinne in Ihren Lernprozess zu integrieren.

Überlegen Sie sich, wie Sie sinnvolle Inhalte in Bezug auf den Lernstoff erstellen können, und nutzen Sie dann Ihr neues Lernmaterial so, dass Sie es in Ihr vorhandenes Wissen, Ihre Fähigkeiten und Ihren Bedeutungssinn integrieren können. Wenn Sie die

Zeit und die Möglichkeiten haben, wollen Sie das Gelernte auch anwenden. Finden Sie Wege, um qualitativ hochwertiges Feedback von vertrauenswürdigen Personen zu erhalten, reflektieren Sie dieses Feedback und vertiefen Sie sich wieder in Ihren Lernprozess.

Ein kurzes Wort der Warnung vor zu viel Computernutzung: Computer neigen dazu, isolierende – wenn auch in gewisser Weise hilfreiche – Lernmaschinen zu sein. Sie sind im Großen und Ganzen Geräte, die uns sozial isolieren, uns von anderen Menschen trennen und uns vom gemeinschaftlichen Lernen abhalten. Als soziale Lebewesen lernen Menschen am besten durch Interaktion mit anderen Personen in einem realen Kontext und nicht in Isolation.

Seien Sie optimistisch

Studien haben bewiesen, dass positive Suggestion, Musik sowie Spiele dazu beitragen, dass Menschen deutlich schneller und effektiver lernen. Die Macht der positiven Suggestion und insbesondere einer unterstützenden Umgebung dürfen nicht unterschätzt werden. Unsere Emotionen haben, wie durch umfangreiche Forschungen belegt wurde, einen tiefgreifenden Einfluss auf die Qualität dessen, was und wie wir lernen. Denken Sie an einige Ihrer früheren Lernerfahrungen zurück und Sie werden wahrscheinlich Beispiele dafür finden, dass dies auf Sie zutrifft. Positive Gefühle sind ein Katalysator für Lernprozesse. Wenn Sie Freude empfinden, während Sie neue Inhalte lernen, wird Ihr Lernprozess beschleunigt. Im Gegensatz dazu verzögern negative Gefühle die Lernfortschritte oder behindern sie sogar ganz. Wenn Ihre Gefühle positiv sind und Sie sich in einem entspannten, offenen Zustand befinden, dann werden Sie in der Lage sein, auf die höheren Ebenen Ihres Gehirns zuzugreifen. Wenn Ihre Gefühle negativ und Sie gestresst sind, neigen Sie dazu, die oberflächlichen, eher reptilienartigen Teile Ihres Gehirns zu nutzen, die sich mehr dem Überleben als der komplexen kognitiven Verarbeitung widmen. In diesem Gemütszustand ist es sehr schwierig, zu lernen.

Leider haben viele Menschen negative Gefühle gegenüber dem Lernen. Vielleicht assoziieren sie Lernen mit Erinnerungen, die mit früheren schlechten Erlebnissen, Stress, Demütigung oder anderen negativen Erfahrungen verbunden sind. Diese negativen Suggestionen (oder Annahmen) müssen jedoch durch positive Erfahrungen herausgefordert werden, da sonst kein Lernfortschritt stattfindet. Durch Annahmen werden unsere Erfahrungen oftmals beeinflusst (oder sogar erschaffen). Im Allgemeinen führen negative Annahmen zu negativen Erfahrungen und umgekehrt.

Wenn Sie neue Fähigkeiten erlernen oder sich in neue Themengebiete einarbeiten wollen, dann ist es äußerst wichtig, dass Sie sich auf ein positives Gefühl konzentrieren. Das bedeutet jedoch nicht, dass Sie sich ein oberflächliches oder unseriöses Selbstvertrauen aneignen sollten. Echte positive Selbstgespräche sind wichtig und wurzeln in einer ehrlichen, sachlichen Grundhaltung. Sagen Sie sich selbst, was an dem, das Sie tun, gut ist und warum. Was ist wertvoll an den Dingen, die Sie zu lernen versuchen? Was werden Sie erreichen können, nachdem Sie diese Dinge gelernt haben? Seien Sie offen und ehrlich in Bezug auf Ihre Stärken und wie diese Ihnen dabei helfen werden, Ihre Lernziele zu erreichen. Wie Meier es ausdrückt: „Ein positives Gefühl gegenüber der Lernerfahrung ist der notwendige erste Schritt beim Lernen." Wenn Sie sich frustriert, gestresst, desinteressiert oder gelangweilt fühlen, ist es besser für Ihren Lernprozess, wenn Sie eine Pause einlegen und erst dann weitermachen, wenn Sie sich motivierter und positiver fühlen.

Es ist ebenfalls wichtig, das Umfeld zu beachten, in dem Sie lernen. Ähnlich wie Ihre geistige Umgebung (oder Ihre Einstellung) und Ihr soziales Umfeld (oder das kollaborative Lernszenario) spielt auch Ihre physische Lernumgebung eine Rolle dabei, wie gut Sie lernen, und all diese Faktoren beeinflussen sich gegenseitig. Denken Sie an die verschiedenen Klassenzimmer aus Ihrer Kindheit zurück. Haben diese Sie zum Lernen inspiriert? Haben sie das Lernen gefördert? Traditionelle Klassenzimmer waren in der Vergangenheit wenig inspirierend. Wenn Ihre physische Lernumgebung negative Gefühle in Ihnen hervorruft, kann sich das auf Ihre Einstellung auswirken, was wiederum Einfluss darauf hat, wie gut Sie neue Informationen behalten. Versuchen Sie – wenn Sie können –, einen Raum für Ihren Lernprozess zu schaffen, in dem Sie sich gerne aufhalten. Dieser Raum sollte Gefühle von Neugier, Inspiration und Aufregung in Ihnen hervorrufen. Ein solcher Raum wird Ihnen dabei helfen, sich zu entspannen, und Sie zum Lernen motivieren.

Gehirne lieben visuelle Inhalte

Was Meier „das Bildergehirn" nennt, bezieht sich darauf, inwiefern unser Gehirn visuelle Stimulationen bevorzugt, weil es visuelle Informationen sofort und automatisch aufnimmt. Bilder sind für uns Menschen einprägsam. Wir können uns visuelle Stimulationen leichter merken, weil sie konkret sind, während auditive und verbale Stimulationen tendenziell abstrakter sind. Denken Sie darüber nach. Wahrscheinlich können Sie sich anhand von Bildern an Tausende Ihrer liebsten (und schlimmsten) Erlebnisse erinnern. Und das liegt nicht daran, weil Sie sich damit beschäftigt haben, sie sich einzuprägen, als sie passierten. Vielmehr hat Ihr Bildergehirn das für Sie getan, und zwar in jenem Moment, automatisch und auf vielen Ebenen gleichzeitig.

Studien haben ergeben, dass Kurse, die Bilder in den Unterricht integrieren, tendenziell höhere Erinnerungs- und Langzeitspeicherraten aufweisen als Kurse, die dies nicht tun. Die Erinnerungs- und Behaltensquoten waren sogar höher in Kursen, die zusätzlich zu den Bildern auch kollaborative Lernmethoden verwendeten, um wissenschaftliche Inhalte zu vermitteln. Diese Bildsprache kann eine Vielzahl von Formen annehmen, von Grafiken und anderen Illustrationen bis hin zu Eselsbrücken oder Geschichten. Zusätzlich zu diesen können Sie sich außerdem stets Ihre eigenen kreativen Methoden ausdenken, die für Sie am besten funktionieren.

Das Integrieren von Bildern in Ihren Lernprozess ist eine natürliche Methode, um sich selbst Dinge schneller und mit höherer Qualität beizubringen. Wenn Sie verbale oder auditive Abstraktionen in irgendeine Art von konkreten Bildern übersetzen, werden Sie diese Informationen mit großer Wahrscheinlichkeit besser behalten und können diese später leichter abrufen. Wörter sind wichtig für uns und ein wesentlicher Bestandteil des Unterrichts. Wenn Sie jedoch Wörter mit Bildern assoziieren, wird sich das viel positiver auf Ihr Lernverhalten auswirken.

Zusammenfassung des Kapitels

Denken Sie daran: Lernen geschieht, wenn Sie neues Wissen vollständig integrieren, indem Sie es auf eine Weise anwenden, die es für Sie besonders wichtig macht. Wenn wir lernen, müssen wir Teile unseres Gehirns, die uns emotional mit den neuen Informationen verbinden, voll auslasten, um optimale Leistungen zu erzielen. Das bedeutet, dass Sie kritisch denken müssen, wenn Sie sich mit neuen Informationen auseinandersetzen, dass Sie entscheiden müssen, wie Sie an das Lernen herangehen wollen, und dass Sie Ihre Vorstellungskraft nutzen müssen, um sich auf den Aufbau dieser neuen Fähigkeiten einzulassen. Deshalb sollten Sie Folgendes tun: Beziehen Sie Ihren gesamten Körper und Geist ein; erschaffen Sie, statt zu konsumieren; arbeiten Sie mit anderen zusammen; verstehen Sie, dass ein Lernprozess auf mehreren Ebenen stattfindet; arbeiten Sie hart und holen Sie sich Feedback ein; haben Sie eine positive Einstellung und priorisieren Sie visuelle Lerninhalte. Wenn Sie diese Dinge tun, werden Sie letztendlich einen Mehrwert aus der gesamten Lernerfahrung schöpfen. Da Sie nun die Prinzipien kennen, die Sie für Ihren Lernprozess benötigen, wird sich das nächste Kapitel darauf konzentrieren, wie Sie Ihren Lernprozess strukturieren können, um schneller die gewünschten Fähigkeiten zu erwerben.

KAPITEL DREI:

Schnell (und mühelos) neue Fertigkeiten erlernen

Wenn Sie eine neue Fähigkeit erlernen, kann es Ihnen so vorkommen, als wäre dieser Weg lang und steinig. Vielleicht fühlen Sie sich manchmal hilflos, so, als wäre es sinnlos, es weiter zu versuchen. Die gute Nachricht ist, dass dies nur so wahr ist, wie Sie es zulassen. Es gibt eine Methode, wie Sie eine neue Fähigkeit schnell und effektiv erlernen können. Ihr Gehirn neigt dazu, Sie dazu zu bringen, neue Dinge so schnell wie möglich beherrschen zu wollen, was zu Frustration führen kann, da Sie deshalb möglicherweise die notwendigen Schritte zum tatsächlichen Meistern der Fähigkeit überspringen.

Wie schnell Sie sich eine neue Fähigkeit aneignen, hängt in erster Linie davon ab, wie gut Sie die Phasen des Fähigkeitserwerbs verstehen. Wenn Sie die drei Lernstufen des Fertigkeitserwerbs begreifen, werden Sie in der Lage sein, schneller voranzukommen, weil Sie nachvollziehen können, wo Sie sich in Ihrem Lernprozess befinden. Je weiter Sie Ihr Verständnis diesbezüglich vertiefen, desto genauer werden Sie erkennen, wie Sie vorankommen. Jeder durchläuft diese Stadien, also wird Ihnen das Wissen, in welchem Stadium Sie sich gerade befinden, am Ende tatsächlich dabei helfen, Ihre Lernfortschritte zu beschleunigen. Diese Erkenntnis wird Ihnen eine Menge Energie, Frustration sowie Gefühle der Hoffnungslosigkeit ersparen. Die drei Phasen des Fertigkeitserwerbs bilden ein Kontinuum und begleiten Sie auf dem Weg vom Anfänger zum Experten. Die erste Phase ist die kognitive Phase, gefolgt von der assoziativen Phase und schließlich der autonomen Phase.

Die kognitive Phase

Die kognitive Phase ist in der Regel durch häufige Fehler gekennzeichnet, weil Sie als Schüler in dieser Phase über die Fähigkeit nachdenken müssen und darüber, wie Sie sie ausführen sollen. Als Schüler sind Sie mit den mentalen Prozessen beschäftigt, die damit zusammenhängen, wie Sie diese neue Fertigkeit erlernen werden. Wenn Sie Sportler sind, denken Sie über Ihre Körperhaltung nach, welche Muskeln Sie anspannen müssen und wie jeder Schritt der zu erlernenden Bewegung aussehen soll. Bei jedem Schritt fokussiert sich die lernende Person voll und ganz auf die Ausführung, was typischerweise zu abgehackten und unvollständigen Bewegungen führt. Stellen Sie sich ein Kind vor, das versucht, eine neue motorische Bewegung zu erlernen. Dies ist vergleichbar mit einem Erwachsenen, der versucht, eine neue motorische Fertigkeit zu verbessern: Es wird viel beobachtet, es gibt Imitationsversuche und die betroffene Person ist wahrscheinlich frustriert, wenn sie Fehler macht. Daher ist dies eine kritische Phase, in der ein Schüler von häufigem Feedback profitieren wird. Ein Ausbilder oder Trainer muss dieses Feedback liefern und während der kognitiven Phase des Fertigkeitserwerbs zudem auch Demonstrationen durchführen. Wenn Sie sich selbst etwas beibringen, dann sollten Sie nach Videos oder anderen Visualisierungen suchen, die Ihnen zeigen, wie die Fähigkeit aussieht, wenn sie gut ausgeführt wird. Teilen Sie die Fähigkeit in verschiedene Abschnitte auf, die Sie nach und nach im Laufe des Lernprozesses zusammensetzen.

Die assoziative Phase

Die assoziative Phase des Kompetenzerwerbs ist die Phase, in der Sie als Schüler vom Nachdenken darüber, was Sie tun, zum Nachdenken darüber, wie Sie es tun, übergehen. Das bedeutet, Sie denken nicht mehr über Ihre Körperposition und Muskeln nach, sondern darüber, wohin Sie Ihre Bewegung lenken. Wohin spielen Sie den Ball? Was ist das Endziel Ihrer Bewegung? Sie verlagern den Fokus von der Frage, ob Sie es schaffen, die gewünschte Bewegung auszuführen, auf das Ziel, was Sie damit erreichen wollen. In dieser Phase wird die Bewegung flüssiger und geschmeidiger, da der Schüler sich sein eigenes Feedback gibt, anstatt sich nur auf Hilfe von außen zu verlassen. Die meisten werden zwar entlang des Kontinuums des Fertigkeitserwerbs immer noch Fehler machen, diese werden jedoch nicht so groß oder so häufig sein wie in der kognitiven Phase des Fertigkeitserwerbs. Während Sie in dieser Phase vorankommen, werden Sie immer noch von einem unmittelbaren Feedback zu Ihrer Leistung und Technik durch eine kompetente Person profitieren. Dies wird Ihnen dabei helfen, entscheidende Anpassungen vorzunehmen und die Komplexität des Kontexts, in dem die Fertigkeit ausgeführt wird, zu erhöhen. Anstatt beispielsweise einen Tennisball aus einem stabilen Stand heraus zu schlagen, könnten Sie einen Partner haben, der Ihnen bewegliche Ziele zuschlägt, die Sie zurückspielen sollen. Ab dieser Phase benötigen Sie häufige und umfassende Übungseinheiten, um zur autonomen Phase überzugehen.

Die autonome Phase

Die letzte Stufe, die autonome Phase des Fertigkeitserwerbs, ist dann erreicht, wenn Sie als Schüler überhaupt nicht mehr über die Fähigkeit nachdenken. In dieser Phase erfolgt die Bewegung auf natürliche Weise und läuft flüssig und intuitiv ab. Sie können sich nun auf erweiterte Aspekte der Bewegung konzentrieren, z. B. darauf, wem Sie den Ball zuspielen, wohin Sie sich nach dem Spielzug bewegen, oder Sie denken ein paar Schritte vor der aktuellen Bewegung voraus. Ein autonomer Sportler weiß, wie sich die Bewegung anfühlt und kann sich konsequent sein eigenes Feedback geben. Wie in der vorherigen Phase ist externes Feedback zur Ausführung der Fertigkeit immer noch von Vorteil. Das Coaching eines autonomen Schülers konzentriert sich in der Regel auf die Ausführung der Fähigkeit unter Druck und unter gleichzeitiger Ausführung verschiedener kognitiver Prozesse. Dieses Stadium des Fertigkeitserwerbs ist das Stadium der Beherrschung, und die

Schüler haben Eigenschaften wie ein kinästhetisches Gespür, gute Antizipation, Konsistenz der Ausführung sowie eine solide Technik erlangt. Sie werden in der Lage sein, Ihre eigenen Bewegungen zu korrigieren, auch mitten in der Bewegung, während sie sich auf Gegenbewegungen oder bestimmte Umgebungseinflüsse einstellen. Sie werden zudem in der Lage sein, die Fähigkeit konstant gut auszuführen, wobei Fehler nur noch sehr selten vorkommen.

Jetzt, wo Sie ein wenig mehr über die drei Phasen des Fertigkeitserwerbs wissen, denken Sie an eine Sache, die Sie schon lange erlernen wollten – wie eine neue Fähigkeit. Vielleicht gibt es Gegenstände in Ihrem Zuhause, etwas aus einem Lehrbuch oder eine Gitarre, die Sie schon lange zu spielen lernen wollten. Vielleicht erinnern Sie sich an ein potenzielles Projekt, von dem Sie einst so begeistert waren, dass es Ihnen jetzt richtig wehtut, sich daran zu erinnern, wie Sie damals den Versuch aufgegeben haben, sich diese Fähigkeit anzueignen. Vielleicht haben Sie es sogar noch einmal versucht, nur um erneut zu scheitern.

Wenn Sie die obigen Phasen des Fertigkeitserwerbs betrachten, müssen Sie verstehen, dass Sie die schmerzhaftesten Phasen noch nicht durchlaufen haben: die kognitive und die assoziative Phase. Sie sind immer noch Anfänger, was folglich zu vielen Fehlern und schlussendlich Ihrer Aufgabe geführt hat. Ihr Gehirn ist eigentlich darauf ausgelegt, Sie in den ersten beiden Phasen vor schmerzhaften Erfahrungen zu schützen. Es möchte einfach sofort zur autonomen Phase übergehen, in der Sie die Fertigkeit bereits gemeistert haben oder in der Ihre neuerworbene Fähigkeit zumindest ein Plateau erreicht hat. Denken Sie daran, dass es darum geht, Ihre Komfortzone zu verlassen. Sie gehen über das hinaus, was Sie gewohnt sind, also halten Sie durch. Sie befinden sich noch in diesen frühen Phasen des Lernens und es ist möglich, einige der Wachstumsschmerzen zu vermeiden.

Zeit ist eine so wertvolle Ressource für uns alle. Aus diesem Grund habe ich in diesem Buch einige der führenden Forschungsergebnisse über den schnellen Erwerb von Fähigkeiten integriert. Josh

Kaufman legte in seinem Buch „The First 20 Hours" (wir werden im nächsten Kapitel auf dieses Konzept zurückkommen) die wichtigsten Prinzipien dafür dar, wie Sie dies erreichen können. Die folgenden sechs Empfehlungen werden Ihnen dabei helfen, die Grundlagen von allem in kürzerer Zeit zu lernen. Und so geht's:

Wählen Sie ein Herzensprojekt aus

Denken Sie darüber nach, welche Dinge Ihnen am meisten am Herzen liegen. Welche Sache erfüllt Sie mit einem gewissen Sinn? Ist es das Thema Barrierefreiheit? Eine große Führungspersönlichkeit zu werden? Worin finden Sie Freude? Haben Sie Freude daran, Kunden ein tolles Erlebnis zu bieten? Exzellente Produkte herzustellen? Beim schnellen Erlernen von Fähigkeiten geht es darum, neue Stärken zu entdecken und zu entwickeln, indem Sie Ihre Komfortzone verlassen. Das bedeutet, dass Sie Ihre alten Stärken hinter sich lassen, während Sie sich auf die Entwicklung neuer Stärken konzentrieren. Wenn Sie ein Projekt auswählen, für das Sie sich begeistern, fragen Sie sich, in welchem Bereich Sie einen Sinn in Ihrem Leben finden und welche Aktivitäten Ihnen Freude bereiten. Erstellen Sie eine visuelle Darstellung, die Ihnen dabei hilft, diese notwendigen Bestandteile herauszufinden. Sie können sogar aufzeichnen, wo Ihre derzeitigen Stärken liegen, damit Sie ein genaues Bild davon haben, in welchem Bereich Sie sich gerne weiterentwickeln möchten.

Wenn wir uns ein Projekt aussuchen, für das wir uns interessieren, dann haben wir die Disziplin, die kognitiven und assoziativen Phasen des Fertigkeitserwerbs zu durchlaufen, die notwendige Zeit und Mühe aufzubringen, um diese Fertigkeit zu erwerben und die Ziellinie zu erreichen. Sobald Sie wissen, warum Sie sich für dieses Projekt, das Sie lieben, begeistern, können Sie es planen. Setzen Sie sich Ziele für Ihren Erfolg. Recherchieren und erwerben Sie die richtige Ausrüstung und die Ressourcen, die Sie für Ihren Lernprozess benötigen. Anschließend planen Sie Ihren Zeitrahmen um diesen gewählten Lernweg herum. Organisieren Sie sich und machen Sie sich bereit für den Weg, der vor Ihnen liegt.

Konzentrieren Sie Ihre Bemühungen auf eine Fähigkeit nach der anderen

Sie haben nur eine bestimmte Anzahl an Stunden am Tag, und das Erlernen einer neuen Fähigkeit kann sehr schwierig sein. Wenn Sie versuchen, Ihre begrenzte Zeit und kognitiven Ressourcen auf das Erlernen einer Vielzahl von Fähigkeiten zu verteilen, werden Sie wahrscheinlich irgendwann die Lust verlieren und Ihre Lernfortschritte mit Sicherheit darunter leiden. Als sich die Welt noch mit einer langsameren Geschwindigkeit bewegte, war Multitasking eine wertvolle Fähigkeit, die es zu beherrschen galt. Heutzutage macht Multitasking Sie jedoch nachweislich zu einer weniger effektiven Person und einem weniger effizienten Schüler. Wenn Sie versuchen, zwei oder mehr Aufgaben auf einmal zu erledigen, verringert sich Ihre Produktivität tatsächlich um vierzig Prozent. Denken Sie daran: Genauso, wie Sie Multitasking bei der Arbeit vermeiden sollten, sollten Sie es ebenso bei dem Erlernen einer neuen Fähigkeit vermeiden. Sie müssen in den Prozess des Erlernens einer Fähigkeit eintauchen, damit Sie Ihr Potenzial ausschöpfen können.

Es gibt wahrscheinlich viele verschiedene Fähigkeiten, die Sie gerne erwerben würden, aber ein wichtiger erster Schritt zum schnellen Erwerb besteht darin, dass Sie eine auswählen, auf die Sie sich zuerst konzentrieren. Beginnen Sie damit, eine Liste aller Kenntnisse zu erstellen, an denen Sie interessiert sind, und wählen Sie dann diejenige aus, die Sie im Moment am meisten begeistert. Diese Begeisterung wird Ihnen dabei helfen, durch Ihr Üben motiviert zu bleiben. Auch wenn es verlockend sein mag, sich auf mehrere Fertigkeiten auf einmal zu stürzen, sollten Sie Ihre ganze Energie auf das Erlernen einer einzigen Fertigkeit konzentrieren. Zum Beispiel könnten Sie versucht sein, das Erlernen der Python-Programmierung mit dem Erlernen von Spanisch, Suchmaschinenmarketing und Videobearbeitung zu kombinieren. Studien wiesen allerdings nach, dass Sie auf diese Weise eine neue Fähigkeit nicht am schnellsten erlernen werden. Sie sollten Ihre Zeit intelligent nutzen, wenn Sie versuchen, etwas Neues zu lernen, da Sie vielleicht nur etwa eine Stunde pro Tag dafür zur Verfügung haben. Versuchen Sie nicht, mehrere neue Dinge auf einmal zu lernen, da Sie dann viel langsamer vorankommen, was wiederum nicht dazu beiträgt, Sie zum Weitermachen zu motivieren.

Entscheiden Sie sich für Ihre Ziel-Leistungsstufe

Wie gut wollen Sie wirklich in einer bestimmten Fertigkeit sein? Wenn Sie sich für eine Fähigkeit entschieden haben, gilt es nun zu entscheiden, wie wichtig es für Sie ist, darin großartig zu sein – und wie großartig Sie sein wollen. Wollen Sie absoluter Meister der Spitzenklasse sein oder wollen Sie nur ziemlich gut sein? Für ambitionierte Wettkämpfer wird die Antwort immer „Ich will der Beste sein" lauten, aber es ist ebenfalls völlig in Ordnung, die Grundlagen zu kennen und mittelgut zu bleiben, wenn diese Fertigkeit für Sie nur ein Hobby darstellt. Wenn Sie mit dem Fußballspielen hauptsächlich deswegen anfangen wollen, um neue Kontakte zu knüpfen, und wissen, dass Sie sich auf dem Spielfeld behaupten können, dann ist das großartig. Dieses Prinzip ist abhängig von Ihren Vorlieben sowie davon, wo Sie hinwollen.

Unterteilen Sie Ihre Fähigkeit in Teilfähigkeiten

Beginnen Sie mit der Definition und Beherrschung von Teilfähigkeiten, auf denen Sie aufbauen können. Dies wird Ihnen dabei helfen, Ihren Lernerfolg zu visualisieren. Die Planung ist dabei von entscheidender Bedeutung, denn wenn Sie keinen richtigen Plan oder keine Vision davon haben, wie Ihr Erfolg aussieht, dann werden Sie in den vorläufigen Grundlagen feststecken und sich fragen, wann Sie es endlich schaffen werden. Eine neue Fähigkeit ist nur selten eine einzige Sache, die man erlernen kann. Es gibt Strategien, die Sie verwenden können, um die gewünschte Fähigkeit zu unterteilen. Brechen Sie die Fähigkeit, die Sie meistern wollen, auf einzelne Teilaspekte herunter. Diese Teilfähigkeiten können Sie dann so gliedern, dass Sie Ihr Leistungsziel so schnell wie möglich erreichen.

Stellen Sie die richtigen Werkzeuge zur Verfügung, um Ihre Fähigkeit zu optimieren

Manchmal, wenn wir etwas Neues lernen wollen, legen wir einfach los, ohne richtig zu recherchieren. Wenn Sie eine neue Sprache lernen wollen, werden Sie wahrscheinlich nicht die besten Ressourcen finden, die zudem auch noch kostenlos sind. Wenn Sie wirklich lernen wollen, wie man Gitarre spielt, brauchen Sie definitiv eine Gitarre und höchstwahrscheinlich auch Gitarrenunterricht. Das bedeutet, dass Sie sicher sein sollten, dass Sie Ihren Prozess genau wie bei jeder anderen wichtigen Lebensentscheidung finanziell planen. Sie sollten sicherstellen, dass Sie die richtigen Werkzeuge für Ihren Erfolg zur Hand haben. Welche Dinge werden Sie bei jedem Schritt brauchen, um ans Ziel zu kommen? Welche Dinge werden Ihnen hierbei im Weg stehen oder als Hindernis für Ihren Lernprozess dienen? Identifizieren Sie die notwendigen Ressourcen und möglichen Hindernisse, auf die Sie stoßen könnten.

Quantität vor Qualität

Meiner Meinung nach ist dies das wichtigste Prinzip, um neue Fertigkeiten so schnell wie möglich zu erlernen. Man hat uns immer wieder gesagt, dass wir uns auf die Devise „Qualität vor Quantität" konzentrieren sollen, und das mag in manchen Situationen auch stimmen, etwa, wenn es darum geht, Freunde zu finden oder sich weniger Dinge zu kaufen. Beim schnellen Erlernen von Fähigkeiten ist jedoch genau das Gegenteil richtig. Bevor Sie mit dem Lernen beginnen, müssen Sie sich darüber im Klaren sein, dass Sie kein Experte sind und es eine Zeit lang auch nicht sein werden. Sie müssen daran arbeiten, Ihre Leistung von Lerneinheit zu Lerneinheit weniger kritisch zu sehen. Sie müssen erkennen, dass Sie langsam Fortschritte machen. Üben Sie so viel wie möglich mit konsequentem Feedback. Bleiben Sie motiviert und aufmerksam. Legen Sie Ihren Trainingsplan so aus, dass Sie Zeit für die Dinge haben, die Sie tun müssen. Diese Vorgehensweise wird Sie dazu zwingen, die notwendigen Stunden zu investieren, um Ihre Leistungsziele zu erreichen. Versuchen Sie zudem, stets zur gleichen Zeit zu üben, um Konsistenz zu erreichen, da Sie auf diese Weise tatsächlich eher am Ball bleiben werden.

Zusammenfassung des Kapitels

Jetzt kennen Sie die drei Phasen des Fertigkeitserwerbs (kognitiv, assoziativ und autonom) und haben mehr über meine wichtigsten Empfehlungen, wie Sie die Grundlagen einer neuen Fertigkeit in kürzerer Zeit erlernen können, erfahren. Diese sind: Wählen Sie ein leidenschaftliches Projekt, damit Sie disziplinierter und motivierter sind; konzentrieren Sie Ihre Bemühungen auf jeweils eine Fertigkeit, um Ihr volles Lernpotenzial auszuschöpfen; legen Sie Ihre Ziele fest, damit Sie realistische Lernerwartungen haben; unterteilen Sie Ihre Fertigkeit in Teilfertigkeiten, damit Sie diese besser erreichen können; identifizieren Sie die richtigen Werkzeuge für Ihren Erfolg sowie die Hindernisse, die ihm im Wege stehen; und schließlich – üben Sie so viel wie möglich, während Sie sich konsequent Feedback einholen. Wenn Sie das Erlernen einer neuen Fertigkeit anhand dieser Punkte priorisieren, werden Sie Erfolg haben. Im nächsten Kapitel erfahren Sie, wie Sie die ersten – und wichtigsten – zwanzig Stunden Ihres Lernprozesses am besten angehen.

KAPITEL VIER:

Die ersten zwanzig Stunden

Wie bereits erwähnt, ist Josh Kaufman ein bekannter Experte für das Thema schnelles Lernen, der zwanzig Stunden als magische Zahl für das Erlernen einer neuen Fähigkeit empfiehlt. Die sechs Prinzipien, die ich im vorherigen Kapitel zusammengefasst habe, sind für einen neuen Schüler während dieser zwanzigstündigen Lernreise entscheidend. Laut Kaufman stößt jeder zu Beginn der schnellen Lernphase gegen eine Wand. Wenn Sie sich also im Voraus auf zwanzig Stunden festlegen, haben Sie eine todsichere Methode, um diese Wand zu durchbrechen und eine neue Fähigkeit zu erwerben. Das bedeutet nicht unbedingt, dass Sie sofort ein Meister in einer neuen Fertigkeit werden, sondern eher, dass Sie schneller und sicherer eine höhere Kompetenzstufe erreichen.

Die ersten Stunden des Lernens von etwas Neuem sind immer die schwierigsten, und an dieser Stelle geben die meisten Menschen auf. Es ist jedoch wichtig, die ersten zwanzig Übungsstunden durchzuhalten, ungeachtet aller Stolpersteine, auf die Sie stoßen. Wenn Sie die ersten zwanzig Stunden überstanden haben, haben Sie eine beträchtliche Menge an Übung hinter sich, sodass das weitere Üben nicht mehr so schwierig sein wird. Hier kommen meine Empfehlungen, wie Sie die ersten zwanzig Stunden des Übens einer neuen Fertigkeit angehen sollten:

Beginnen Sie mit der Festlegung Ihres Ziels

Entscheiden Sie sich zunächst, welche Leistungsstufe Sie erreichen wollen. Ich habe im letzten Kapitel kurz darüber gesprochen, wie Sie Ihr Ziel-Leistungsniveau festlegen. Überlegen Sie nun wirklich, wo Sie hinwollen und wie Sie dorthin kommen. Ein wichtiger

Gedanke von „Die ersten zwanzig Stunden" lautet, dass Sie zunächst entscheiden sollten, wie gut Sie in einer bestimmten Fähigkeit werden wollen. Sobald Sie eine Vorstellung davon haben, welches Fähigkeitsniveau Sie erreichen wollen, sollten Sie dieses Ziel in kleinere Schritte unterteilen, um es zu erreichen.

Nehmen wir an, Sie wollen gut im Schreiben von Marketingtexten werden, weil Sie eine E-Mail verfassen müssen, um einen Vertrag mit einem hochpreisigen potenziellen Kunden zu schließen. Sie müssen das Werbetexten nicht ausgiebig in seiner Gesamtheit studieren, sondern können sich stattdessen die besten Praktiken für das Schreiben von Verkaufs-E-Mails ansehen. Es ist eine Möglichkeit, die Schritte und kleinen Häppchen herauszufinden, die Sie benötigen, um die perfekte E-Mail für dieses Szenario zu verfassen. Erstellen Sie einen Plan. Beginnen Sie damit, zuerst zu untersuchen, wie Sie die Betreffzeilen formulieren, dann, wie Sie Ihre E-Mails richtig personalisieren, und schließlich, wie Sie den richtigen Tonfall treffen, vielleicht finden Sie sogar Vorschläge, wie Sie vermeiden, im Spam-Ordner zu landen, oder einige Prinzipien der Beeinflussung, um sicherzustellen, dass Ihre E-Mail auch zum Erfolg führt. Sie können auch verschiedene Vorlagen recherchieren, die Sie dann auf Ihre Bedürfnisse zuschneiden, und so weiter.

Denken Sie daran, dass Sie mit der richtigen Zielsetzung eher erfolgreich sein werden, wenn Sie sich die Fähigkeiten aneignen, die Sie sich vorgenommen haben. Es kann helfen, wenn Sie Ihr Ziel mit einem Freund besprechen. Die soziale Einbindung Ihres Lernprozesses wird Ihnen dabei helfen, auf dem Weg zu Ihrem Ziel motiviert zu bleiben. Es bietet auch große Vorteile, in einer Gruppe zu lernen. Erinnern Sie sich an kollaboratives Lernen? Wenn Sie sich einer Gemeinschaft anschließen, können Sie nicht nur von anderen lernen, sondern Sie werden auch dazu ermutigt, gemeinsam Fortschritte zu machen. Ganz egal, ob es sich um einen Schachclub, eine Arbeitsgruppe oder einen Online-Treff handelt: Versuchen Sie, sich mit anderen Gleichgesinnten zu vernetzen, schon allein wegen des Feedbacks und der Unterstützung.

Entscheiden Sie, welche Ressourcen Sie benötigen

Da es darum geht, innerhalb von zwanzig Stunden eine neue Fähigkeit zu erlernen, ist es wichtig zu entscheiden, was Sie zu Beginn brauchen. Wie können Sie Ihre Konzentration aufrechterhalten? Sie müssen daran arbeiten, Ablenkungen einzuschränken, und sicherstellen, dass Sie die Werkzeuge haben, die Sie benötigen, um Ihre gewünschte Fähigkeit zu erlernen und erfolgreich zu sein. Auch wenn es wie ein einfacher Schritt erscheinen mag, ist es von größter Wichtigkeit, dass Sie sorgfältig und richtig vorgehen. Beginnen Sie damit, herauszufinden, welche Arten von Materialien und Umgebungen – sogar Tools oder Apps – Sie bei Ihrem Erfolg des Erlernens dieser neuen Fähigkeit unterstützen können. Vielleicht brauchen Sie nur einen Stift, Papier und einen Textmarker, um Passagen in Lehrbüchern zu markieren. Oder vielleicht möchten Sie Ihre Lerneinheiten lieber automatisieren, indem Sie Online-Referenzen sammeln und diese auf Ihrem Tablet lesen. Vielleicht lernen Sie aber auch lieber in der freien Natur oder in einem Park, vielleicht auch in den eigenen vier Wänden, beim Musikhören oder neben Ihrem Lieblingsfenster.

Während Sie sicherstellen, dass die Umgebung, in der Sie sich befinden, perfekt für Ihren schnellen Lernfortschritt ist, müssen Sie darauf achten, dass Sie alle sozialen Medien oder ähnliche Ablenkungen ausschalten, einschließlich der Versuchung, Nachrichten oder E-Mails zu überprüfen. Wie das Sprichwort schon sagt: „Aus den Augen, aus dem Sinn." Bevor Sie sich zum Üben oder Lernen hinsetzen, stellen Sie sicher, dass alle potenziellen Ablenkungen außer Sichtweite sind. Sie können im Voraus planen, indem Sie einen bestimmten Platz zum Lernen einrichten, an dem es keinen Fernseher, keine geschwätzigen Freunde oder andere Verlockungen gibt. Die Kontrolle über Ihre Umgebung auf diese Weise zu übernehmen, bedeutet auch nicht unbedingt, dass Sie es immer alleine tun müssen. Manchmal kann die Arbeit mit Freunden in

Lerngruppen ein nützlicher Ansatz sein, um Ihre Umgebung zu beeinflussen.

Sobald Sie Ihre ideale Umgebung festgelegt haben, können Sie dazu übergehen, mögliche Barrieren oder Hindernisse zu identifizieren, die Ihren Lernprozess stören könnten, und daran arbeiten, diese zu beseitigen. Sie sollten eine ablenkungsfreie Umgebung schaffen, damit Sie sich auf Ihr Lernen konzentrieren können. Denken Sie daran, dass Ihr Gehirn nach Abkürzungen und nach allen möglichen Ausreden suchen wird, um nicht zu üben. Es wird versuchen, sich an jedes Hindernis zu klammern, weil Sie sich in der Anfangsphase des Lernens befinden, was für das Gehirn unangenehm sein kann. Sie müssen daran arbeiten, diese Hindernisse zu beseitigen. Wenn Sie lernen wollen, wie man Gitarre spielt, lassen Sie das Instrument in der Mitte Ihres Zimmers stehen, damit Sie es ständig sehen und an Ihre Verpflichtung zum Üben erinnert werden. Sie wollen, dass die Gitarre eine möglichst aufdringliche Erinnerung für Sie ist, sodass Sie das Üben nicht vermeiden können.

Sie sollten auch versuchen, emotionale Blockaden vorauszusehen. Vielleicht fühlen Sie sich zum Beispiel überfordert oder ängstlich. Erinnern Sie sich daran, wie eine positive Einstellung Ihren Lernprozess unterstützt? Machen Sie eine Pause und nehmen Sie Ihren Lernprozess erst wieder auf, wenn Sie ein erneutes Gefühl der Motivation zum Lernen verspüren. Dies ist nicht dasselbe wie Engagement. Nach dieser Theorie müssen Sie sich dazu bringen, die ersten zwanzig Stunden durchzuhalten, damit Sie eine höhere Wahrscheinlichkeit haben, sich die neue Fähigkeit anzueignen. Manchmal bedeutet das, dass Sie sich auch dann engagieren müssen, wenn es Ihnen an Motivation mangelt.

Üben, üben, üben

Wenn Sie Ihren Lernprozess zum Erwerb von Fähigkeiten planen, müssen Sie sicherstellen, dass Sie Zeit zum Üben einkalkulieren. Um Experte in einem Gebiet zu werden, führt kein Weg daran vorbei. Dies erfordert Hingabe, Disziplin und Fokus sowie einen aufrichtigen, echten Wunsch, die Arbeit zu erledigen. Wenn Sie nicht mit Leidenschaft bei der Sache sind, werden Sie kein Experte werden. Sie müssen konsequent dranbleiben, sonst werden Sie es nicht schaffen. Im Idealfall üben oder lernen Sie jeden Tag zur gleichen Zeit. Wenn Sie Schwierigkeiten haben, Zeit dafür zu finden, beginnen Sie damit, weniger wichtige Aktivitäten wegzulassen, die nicht direkt für das Erlernen dieser neuen Fähigkeit notwendig sind. Füllen Sie diese Zeit mit Üben.

Natürlich können Sie Ihren Zeitplan nicht komplett auf diese Weise verschlanken. Es gibt eben bestimmte Verpflichtungen, die Sie erfüllen müssen, sowie Notfälle, die gelegentlich auftreten können. Wenn es Ihnen jedoch ernst damit ist, eine neue Fähigkeit zu erlernen, sollten Sie den größten Teil Ihres Terminkalenders streichen und die freigewordene Zeit dafür widmen. Ihr Ziel ist es, sich sechzig bis neunzig Minuten pro Tag für das Üben freizuschaufeln. Vergessen Sie nicht, sich Feedback zu Ihren Fortschritten geben zu lassen, damit Sie herausfinden können, ob Sie an einer Stelle etwas falsch gemacht haben oder ob Sie anders an Ihren Lernprozess herangehen sollten. Feedback ist in den frühen Phasen des Kompetenzerwerbs entscheidend. Vielleicht können Sie sogar einen Coach engagieren, der Sie unterstützt. Coaches können Sie anleiten und Ihnen während des gesamten Prozesses Rückmeldungen geben, die Sie sich selbst vielleicht nur schwer geben können. In einigen Fällen können Sie Ihren eigenen Lernprozess überwachen. Wenn Sie zum Beispiel eine neue Sprache lernen, könnten Sie versuchen, sich mit einem Diktiergerät selbst beim Sprechen zuzuhören. Dadurch wird es für Sie einfacher, Fehler in Ihrer Aussprache oder Grammatik zu hören.

Es kann leicht passieren, dass man sich beim Lesen und Sammeln von Informationen darüber, wie man etwas tut, verzettelt und nie dazu kommt, es tatsächlich zu tun. Denken Sie daran: Der beste Weg, um zu lernen, wie man etwas tut, besteht darin, es tatsächlich zu tun. Unabhängig davon, wie unvorbereitet Sie sich fühlen, stellen Sie sicher, dass Sie sich ständig körperlich oder aktiv beschäftigen. Wechseln Sie zwischen Theorie und Praxis ab und füllen Sie die Zeit zwischen den Theoriephasen mit einer Menge Praxis.

Üben Sie in kurzen Intervallen

Wenn Sie mir ähneln, dann fürchten Sie das Ende des Wochenendes. Die Arbeitswoche steht am Sonntagabend vor der Tür und verspricht, dass Sie wieder endlose neue Aufgaben zu erledigen haben. Wenn Sie eine neue Fähigkeit erlernen, kann dieser Ausblick sogar noch entmutigender sein. Die gute Nachricht ist jedoch, dass es einen besseren Ansatz für uns gibt, um diese langen Arbeitsperioden anzugehen, ohne sich überfordert zu fühlen. Das Erlernen von einer neuen Sache, die schwierig ist, oder sogar das Arbeiten an Aktivitäten über lange Zeiträume hinweg, sind kräftezehrend und oftmals ineffizient. Untersuchungen ergaben, dass es tatsächlich besser ist, in kurzen Intervallen mit häufigen geplanten Pausen zu arbeiten. Diese Methode wird gemeinhin als Pomodoro-Technik bezeichnet.

Die Pomodoro-Technik sieht vor, dass wir nach jeweils fünfundzwanzig Minuten Arbeit eine fünfminütige Pause einlegen. Setzen Sie sich Lernziele, sodass Sie drei bis fünf dieser Lernsitzungen über den Tag verteilt absolvieren. Sobald Sie dies tun, werden Sie erstaunt sein, wie schnell Sie Fortschritte machen. Indem Sie den Aspekten Quantität und Geschwindigkeit Vorrang geben, ist es viel unwahrscheinlicher, dass Sie in der Anfangsphase frustriert – und damit demotiviert – werden. Wenn Sie zum ersten Mal etwas Neues lernen, können sich die Stunden des Übens, die nötig sind, um wirklich Fortschritte zu erlangen, wie eine Ewigkeit anfühlen. Vielleicht denken Sie sogar, dass Sie zu Beginn des Lernens einer neuen Fähigkeit mehr Zeit damit verbracht haben, an etwas zu arbeiten, nur weil die Lernaufgabe selbst so schwierig ist. Die Anwendung der Pomodoro-Technik wird Ihnen dabei helfen, Frustrationen zu Beginn Ihres Lernprozesses zu vermeiden. Diese Technik wird Ihnen dabei helfen, konzentriert und motiviert zu bleiben, da Sie in der Lage sein werden, Ihre Arbeitszeit zu verfolgen.

Wenn Sie ohne Pause an einer Aufgabe arbeiten, ist die Wahrscheinlichkeit größer, dass Sie den Fokus verlieren und dadurch von der eigentlichen Arbeit abgelenkt werden. Wenn Sie jedoch eine Pause machen, zwingen Sie sich selbst dazu, ein paar Sekunden innezuhalten, um Ihre Arbeit neu zu bewerten oder zu reflektieren. Sie geben sich selbst den nötigen Freiraum, damit Ihre Aufmerksamkeit ruhen kann, bevor Sie zu Ihrer Aufgabe zurückkehren. Vielleicht stellen Sie fest, dass Sie Ihre Bemühungen anpassen oder eine notwendige Änderung vornehmen müssen. Dadurch erhöhen Sie die Qualität Ihrer Arbeit und auch die Geschwindigkeit, mit der Sie sie erledigen können. Wenn es Zeit für Ihre Pause ist, ist es wichtig, dass Sie die Pause ernst nehmen und sich wirklich einer neuen Aktivität zuwenden. Sie können die Pause als Belohnung für Ihre harte Arbeit betrachten, in der Sie ein wenig spazieren gehen, einige Dehnübungen machen, sich eine Tasse Kaffee holen oder etwas tun, das Sie entspannt (wie Meditation). Sie können damit experimentieren, wie lange Sie arbeiten möchten, bevor Sie eine Pause machen, obwohl die Forschung dazu tendiert, dass irgendwo zwischen fünfundzwanzig und fünfunddreißig Minuten der beste Wert ist. Denken Sie daran, dass längere Arbeitszeiten zu Burn-out führen können, was besonders schädlich für Ihre Motivation ist bei dem Versuch, eine neue Fähigkeit zu erlernen.

Kaufman schlägt außerdem vor, dass Sie Ihre neue Fähigkeit innerhalb von den vier Stunden vor dem Schlafengehen üben. Ihm zufolge führt das Üben innerhalb dieses Zeitrahmens dazu, dass Ihr Gehirn das Gelernte schneller in die neuronalen Bahnen Ihres Gehirns integriert, weil Ihr Gedächtnis und die benötigte Motorik schneller verankert werden. Sie können Ihr Gehirn ebenfalls unterstützen, indem Sie die kleinen Erfolge Ihres Lernprozesses feiern. Dadurch werden mehr Endorphine und Serotonin ausgeschüttet, was Sie wiederum zum Weitermachen ermutigt. Essen Sie ein Stück Schokolade oder schauen Sie sich eines Ihrer Lieblingsmusikvideos als Belohnung an, damit Sie weiterhin Spaß am Lernen haben. Das Erlernen einer neuen Fähigkeit sollte aufregend sein. Sie sollten es nicht erwarten können, jeden Tag zu üben. Halten Sie Ihre gute Einstellung und Motivation aufrecht!

Zusammenfassung des Kapitels

Inspiriert durch den Lernexperten Josh Kaufman haben wir in diesem Kapitel behandelt, wie Sie die ersten zwanzig Stunden des Lernens einer neuen Fähigkeit strukturieren können. Denken Sie daran, dass Sie, wenn Sie sich auf zwanzig Stunden festlegen, die Möglichkeit haben, die Lernmauer zu durchbrechen, die jeder erlebt, und schließlich Ihre Lernziele zu erreichen. Meine vier wichtigsten Empfehlungen, wie Sie die ersten zwanzig Stunden des Lernens angehen können, sind: Beginnen Sie damit, sich ein Ziel zu setzen; entscheiden Sie, welche Ressourcen Sie benötigen, um erfolgreich zu sein; üben Sie konsequent und holen Sie sich frühzeitig Feedback ein; und schließlich – unterteilen Sie Ihre Übungsphasen in kleinere, überschaubare Intervalle, damit Sie nicht die Motivation verlieren. All diese Methoden wirken zusammen und steigern so die Qualität und Effizienz Ihres Lernprozesses. Im nächsten Kapitel erfahren Sie etwas über mein absolutes Lieblings-Lernprinzip und wie es Ihnen bei Ihrem Lernprozess behilflich sein kann.

KAPITEL FÜNF:

Das lebensverändernde Pareto-Prinzip

Vielleicht haben Sie noch nie vom Pareto-Prinzip gehört, aber wahrscheinlich haben Sie schon einmal von der Achtzig-Zwanzig-Regel oder dem Gesetz der wichtigen Wenigen mitbekommen. Das Pareto-Prinzip besagt, dass bei den meisten Dingen etwa achtzig Prozent der Auswirkungen von zwanzig Prozent der Ursachen herrühren. Dieses Prinzip wurde auf alles Mögliche angewandt, vom Grundbesitz über die Besteuerung bis hin zur Mathematik. Die Regel basiert auf einer Potenzgesetz-Verteilung und hat sich in der Wirtschaft, in Beziehungen und vor allem beim Lernen bewährt. In Bezug auf das Lernen bedeutet es, dass Sie die zwanzig Prozent der Arbeit (oder Ursachen) identifizieren wollen, die Ihnen die achtzig Prozent der gewünschten Ergebnisse (die Wirkungen) bringen. Das Hauptkonzept besteht darin, die wenigen effektivsten Strategien und Materialien zu identifizieren, die es Ihnen ermöglichen, schnell und adäquat das gewählte Thema zu erlernen.

Wenn Sie zum Beispiel eine Sprache lernen, dauert es nicht lange, bis Sie feststellen, dass es ein paar Schlüsselwörter gibt, die immer wieder auftauchen. Sie können eine schnelle Suche nach den „am häufigsten verwendeten französischen Wörtern" oder „typischen französischen Sätzen" durchführen, um zu lernen, wie man Französisch spricht, bevor Sie sich mit den eher technischen oder grammatikalischen Details beschäftigen. Auf das sportliche Training angewandt, können Sie das Pareto-Prinzip einsetzen, indem Sie etwa zwanzig Prozent der wichtigsten Übungen und Gewohnheiten für eine bestimmte Fähigkeit verwenden, um achtzig Prozent der Wirkung zu erzielen. Der Lernende sollte sich nicht so sehr auf ein abwechslungsreiches Training oder das Erlernen sehr technischer Aspekte einer Fertigkeit konzentrieren. Es geht im Grunde darum, Ihnen zu sagen, womit Sie zuerst beginnen sollten – nicht, dass die anderen achtzig Prozent nicht wichtig wären. Zum Beispiel sind eine gesunde Ernährung und der regelmäßige Besuch des Fitnessstudios immer noch wichtig für das sportliche Training, aber sie sind nicht so bedeutend wie die Schlüsselaktivitäten (bzw. die Zwanzig-Prozent-Aktivitäten).

Das Pareto-Prinzip wird die Art und Weise, wie Sie lernen, verändern. Je nach gewählter Fähigkeit kann die Menge des Lernmaterials immens sein. Sie brauchen eine Strategie, um das effektivste Material auszuwählen, das Ihnen dabei hilft, Ihr Ziel zu erreichen, sowie, es in die richtige Reihenfolge zu bringen. Die Anwendung dieses Prinzips auf Ihren Lernprozess kann auf verschiedene Weise erfolgen. Sie können dieses Prinzip verwenden, um die effektivste Lernmethode auszuwählen, die Ihnen zur Verfügung steht. Abgesehen von den Lernmethoden kann die Achtzig-Zwanzig-Regel auch bei der Auswahl des richtigen Materials äußerst nützlich sein. Ich habe einige hilfreiche Tipps für Sie zusammengestellt, die Sie berücksichtigen sollten, wenn Sie diesen Ansatz verwenden wollen, um sich schnell eine neue Fähigkeit anzueignen.

Identifizieren Sie zunächst die Fähigkeit, die Sie gerade zu lernen versuchen. Dabei spielt es keine Rolle, ob es sich um eine Sportart, eine Sprache, eine motorische Fähigkeit (wie das Spielen der Gitarre oder einem anderen Instrument) oder das Erlernen eines neuen Spiels (wie Schach) handelt. Egal welcher Bereich, welche Fähigkeit oder welches Fachwissen, wählen Sie einfach ein Themengebiet aus, in dem Sie sich verbessern wollen. Es könnte sogar eine neue Aufgabe sein, die Ihnen kürzlich von Ihrem Chef oder einem Lehrer zugewiesen wurde. Es könnte eine neue Fachrichtung oder ein Hobby sein. Identifizieren Sie die Lernthemen in Ihrem Leben und seien Sie offen dafür, mehr als eines gleichzeitig zu erforschen. Das Zusammenstellen dieser Liste wird Ihnen dabei helfen, Ihren Lernprozess zu organisieren.

Machen Sie nun eine Liste mit den fünf bis zehn Ressourcen, die Sie in Ihrem Lernprozess verwenden. Für jedes der Themen oder jede der Fähigkeiten, an die Sie gedacht haben, sollten Sie sich nun fünf oder mehr Dinge überlegen, die Sie derzeit bei Ihrem Lernprozess tun oder an deren Verbesserung Sie aktiv arbeiten. Wenn eine der Fähigkeiten, die Sie lernen wollen, zum Beispiel das Gitarrespielen ist, listen Sie fünf oder mehr Aktionen auf, die Sie unternehmen, um Ihren Lernprozess zu unterstützen. Dies können auch Ressourcen sein, die Sie verwenden und die Ihnen dabei helfen, sich zu verbessern.

Sobald Sie dies getan haben, können Sie die ein oder zwei Elemente auswählen, die Ihnen die besten Ergebnisse liefern. Wählen Sie sorgfältig aus und seien Sie so unvoreingenommen wie möglich. Selbst wenn es sich um eine Sache handelt, die Sie als schwierig oder mühsam empfinden: Wenn diese Sache Ihnen beim Lernen hilft, kommt sie auf die Liste. Denken Sie daran, dass das Ziel an dieser Stelle nicht ist, die Meisterschaft zu erreichen, sondern so schnell wie möglich zu Ihren achtzig Prozent zu kommen. Spannung und Motivation werden Ihnen dabei helfen, von dort aus weiterzumachen. Außerdem sind Sie nun besser mit dem Thema vertraut und können von nun an fundiertere Entscheidungen treffen. Nachdem Sie die beiden Punkte ausgewählt haben, die Ihnen einen schnelleren Lernerfolg bescheren, werden Sie in einer viel besseren Position sein, um schrittweise mehr und schneller zu lernen. Wenn nichts auf Ihrer Liste dieser Beschreibung entspricht, gehen Sie zurück an den Anfang Ihrer Ressourcenliste und fügen Sie einige neue hinzu. Es kann sein, dass Sie zu Beginn ein wenig herumexperimentieren müssen, aber keine Sorge! Bitten Sie einen vertrauenswürdigen Freund oder Mentor um Feedback oder führen Sie eine schnelle Google-Suche durch, wenn es nötig ist. Wir leben in einem Zeitalter der Informationen. Alles, was Sie brauchen, ist nur einen Klick entfernt.

Der letzte Schritt bei der Anwendung des Pareto-Prinzips besteht darin, die beiden Elemente, die Sie als die effektivsten und effizientesten für die Erzielung Ihrer Ergebnisse ausgewählt haben, in den nächsten zwei Wochen zu erproben. Sie haben Ihr Ausschlussverfahren durchgeführt, jetzt ist es an der Zeit, zu üben. Sie werden im Laufe dieser Übungseinheit sehen, wie viel weiter Sie kommen, als Sie vielleicht anfangs erwartet haben. Sie können außerdem die Pomodoro-Technik anwenden und die Phasen des Kompetenzerwerbs im Hinterkopf behalten, während Sie auch diese Phase durchführen. All diese Prinzipien spielen auf eine Weise zusammen, die Ihren Lernprozess sowohl vertiefen als auch beschleunigen wird.

Über das reine Lernen hinaus können Sie das Pareto-Prinzip in jedem Bereich Ihres Lebens anwenden, in dem Sie das Gefühl haben, dass ein Ungleichgewicht der Auswirkungen besteht. Dieses Prinzip ist vielleicht nicht auf alle Bereiche anwendbar, aber auf viele Situationen, die Sie als unausgewogen empfinden (z. B. in finanzieller, gesundheitlicher, ehelicher, sozialer oder beruflicher Hinsicht). Sie können sich überlegen, welche zehn bis zwanzig Prozent des Inputs Sie insgesamt in Ihr Leben stecken, um achtzig Prozent von den Dingen zu erhalten, die Sie sich von Ihrem Leben wünschen. Vielleicht werden Sie entdecken, dass Sie Beziehungen mehr schätzen, als Sie dachten, oder vielleicht wird sich dadurch ein Aspekt Ihres Berufslebens verbessern.

Sie können dann Möglichkeiten finden, den Hauptanteil zu betonen, der Ihnen diese achtzig Prozent Freude oder Zufriedenheit bringt. Entscheiden Sie sich, mehr Zeit mit diesen Aktivitäten zu verbringen, und setzen Sie sie an die erste Stelle in Ihrem Zeitplan. Vielleicht treffen Sie sich mehr mit Ihren besten Freunden oder führen den Date-Abend in Ihrer Beziehung wieder ein. Oder vielleicht wollen Sie von Ihrem Geld in die Erfahrungen investieren, die Sie machen wollen. Finden Sie Wege, den Rest der Aktivitäten, die Ihnen nicht die gleichen Vorteile bringen, zu reduzieren oder zu eliminieren. Das kann bedeuten, dass Sie einige toxische Menschen aus Ihrem Leben entfernen oder Ihr Geld in klügere oder bessere Investitionen stecken, die bessere Ergebnisse bringen und Ihnen insgesamt eine höhere Lebensqualität bieten. Was auch immer der Fall ist, die Achtzig-Zwanzig-Regel kann Ihnen ein Leitfaden sein, um insgesamt mehr Ausgewogenheit für Ihren Alltag zu schaffen.

Zusammenfassung des Kapitels

Das Pareto-Prinzip ist mein Lieblings-Lernprinzip. Es unterstützt Sie in Ihrem Lernprozess, indem es Ihnen dabei hilft, die zwanzig Prozent der Aufgaben zu identifizieren, mit denen Sie achtzig Prozent der gewünschten Ergebnisse erzielen. Wenn Sie dieses Prinzip erst einmal verstanden haben, dann ist diese Erkenntnis wirklich lebensverändernd. Mithilfe des Pareto-Prinzips können Sie die effektivsten Lernstrategien und Materialien priorisieren, die Sie zu Ihren gewünschten Lernergebnissen führen werden. Sie können dieses erstaunliche Werkzeug jedoch auch in anderen Bereichen Ihres Lebens einsetzen. Im folgenden Kapitel gebe ich Ihnen einen Überblick über die wichtigsten Punkte, die Sie bei der Kunst des effektiven Notizenmachens beachten sollten.

KAPITEL SECHS:

Die Kunst, effektive Notizen zu machen

Forschungen über das Gedächtnis haben ergeben, dass wir uns leicht an Ideen oder Informationen erinnern, denen wir oft unsere Aufmerksamkeit zuwenden. Umgekehrt vergessen wir Ideen oder Informationen, mit denen wir nur ein- oder zweimal mental in Kontakt gekommen sind, recht schnell. Dies ist beabsichtigt und hat sich im Laufe der menschlichen Evolution so entwickelt. Es handelt sich hierbei um eine natürliche Vergesslichkeit von Informationen, weil unser Gehirn die Daten herausfiltert, von denen wir ihm sagen, dass sie nicht wichtig sind. Es ist ganz einfach: Je weniger wir uns einer Sache aussetzen, desto weniger werden wir sie in unserem Gedächtnis behalten. Wir sagen unserem Verstand, welche Informationen wichtig sind, um sie zu behalten, indem wir sie durch Übung und Lernen in unseren Alltag integrieren. Je mehr wir üben, desto mehr Informationen werden dauerhaft in unserem Geist gespeichert.

Wenn wir versuchen, etwas Neues zu lernen, ist unser Erinnerungsvermögen am stärksten. Stellen Sie sich vor, Sie lernen im Unterricht Vokabeln und Ihnen werden zwanzig neue Begriffe beigebracht. Wenn Sie sofort abgefragt werden würden, hätten Sie wahrscheinlich eine Erfolgsquote von fast hundert Prozent. Einen Tag später wäre Ihr Erinnerungsvermögen um vierzig Prozent gesunken. Wenn wir als Schüler unsere Aufmerksamkeit nicht auf neues Material lenken, werden wir innerhalb der ersten vierundzwanzig Stunden vierzig Prozent dieser Informationen verlieren. Schon einen Tag später verlieren wir weitere zwanzig Prozent des Erinnerungsvermögens. In zwei Tagen haben wir also sechzig Prozent des neu Gelernten vergessen. Dieser Effekt wird als „Vergessenskurve" bezeichnet und wurde von Herman Ebbinghaus im Jahre 1895 entwickelt, als er frühe Forschungen über das Thema Gedächtnis und Vergesslichkeit durchführte.

Kurz gesagt: Unser temporäres Gedächtnis kann trügerisch sein. Wir hören Informationen und glauben, dass wir uns auch später noch daran erinnern werden, weil wir diese Informationen sofort wiederholen können. Stellen Sie sich das folgendermaßen vor: Unser Gehirn hat einen Tropfen Klebstoff an einem Gedanken (als temporäre Erinnerung) angebracht. Allmählich verliert der Kleber seine Haftqualität, und weil es nur ein Tropfen war, löst sich die Verbindung auf und wir erinnern uns nicht mehr daran. Wenn wir jedoch immer wieder zu diesem einen Gedanken zurückkehren und weitere Tropfen Klebstoff auf den ursprünglichen Tropfen auftragen, wird der Klebstoff mit der Zeit verstärkt. Schließlich wird die Information Teil eines langlebigeren Gedächtnisses.

Da Informationen mit der Zeit verloren gehen, müssen Menschen, die etwas Neues lernen wollen, eine effektive Strategie entwickeln, um neue Informationen zu behalten. Das Anfertigen von Notizen ist ein gutes Hilfsmittel, um dies zu erreichen. Es reicht allerdings nicht aus, sich einfach nur Notizen zu machen. Effektives Anfertigen von Notizen soll Ihnen dabei helfen, sich an das Gelernte zu erinnern und diese Informationen über einen längeren Zeitraum hinweg gut zu behalten. Wenn wir uns effektiv Notizen machen, können wir fast hundert Prozent des Gelernten behalten und abrufen.

Wie Sie sich Notizen machen

Am einfachsten beginnen Sie, indem Sie Ihre Notizen immer mit der Hand verfassen. Obwohl es den Anschein haben könnte, dass das Mittippen Ihrer Notizen auf einem Laptop während einer Konferenz oder einer Vorlesung gründlicher wäre (und Ihnen vielleicht sogar dabei helfen würde, schneller zu lernen), ist das Gegenteil der Fall. Es ist besser für Ihren Lernprozess, wenn Sie

Ihre Notizen mit einem Stift auf einem Stück Papier anfertigen. Dadurch können Sie sowohl schneller lernen als auch das Gelernte besser behalten. Untersuchungen konnten nachweisen, dass Schüler, die ihre Vorlesungsnotizen auf einem Computer abtippen, die Informationen auf einem niedrigeren Niveau verarbeiten und behalten. Diejenigen Personen, die Notizen mit der Hand verfassen, lernen dagegen tatsächlich mehr.

Obwohl das Notieren von Hand langsamer und mühsamer ist als das Abtippen, so fördert das Schreiben der Informationen dennoch das Verständnis und unsere Fähigkeit, uns die Informationen einzuprägen. Das Umformulieren der Informationen in Ihre eigenen Worte hilft Ihnen dabei, diese länger zu behalten, was bedeutet, dass Sie sich besser erinnern können und bei Tests besser abschneiden. Dies geschieht, weil wir unterschiedliche Arten der kognitiven Verarbeitung besitzen, die mit dem Verfassen von Notizen per Hand im Vergleich zum Tippen verbunden sind. Es kann passieren, dass Schüler beim Abtippen der Notizen eine schriftliche Aufzeichnung der Vorlesung erstellen, ohne dabei unbedingt die Bedeutung der Informationen zu verarbeiten. Schnellere Tippgeschwindigkeiten erlauben es den Lernenden, eine Vorlesung Wort für Wort zu transkribieren, ohne lange über den Inhalt oder die tiefere Bedeutung hinter dem Gesagten nachzudenken. Da die Schüler nicht alles, was sie hören, mit der Hand notieren können, müssen sie eine Auswahl treffen, was sie priorisieren und worauf sie sich konzentrieren. Sie müssen stattdessen zuhören, die Informationen verarbeiten und zusammenfassen, was sie hören, damit sie die Essenz der Informationen kurz und bündig erfassen können. Wenn Sie sich Notizen auf die altmodische Art machen, zwingen Sie Ihr Gehirn zu schwereren geistigen Anstrengungen, als wenn Sie tippen würden, und diese Anstrengungen führen schließlich dazu, dass Sie langfristiger und besser lernen.

Mittels Studien über das Anfertigen von Notizen konnte herausgefunden werden, dass das Anfertigen von Notizen effektiver ist, wenn diese in irgendeiner Weise organisiert und umgewandelt werden oder ein Lehrer Beispiele gibt, wie sich gute Notizen zu einem bestimmten Material anfertigen lassen. So oder so, es erfordert Anstrengung und die halbe Miete ist es, die Gründe für die Notwendigkeit zu verstehen, sich Notizen zu machen und sich mit ihnen auseinanderzusetzen. Die effektivsten Fähigkeiten zum Anfertigen von Notizen beinhalten aktives Lernen im Gegensatz zu passivem Lernen. Dies bedeutet, dass die Verantwortung für den Lernprozess auf den Schüler übertragen wird. Forschungen haben gezeigt, dass die aktive Einbindung und Beteiligung der Schüler in den Lernprozess entscheidend für nachhaltige Lernerfolge sind. Trotz dieser Erkenntnisse wird im traditionellen Unterricht meist nur das Zuhören von formalen Präsentationen geübt, anstatt zu lesen, zu schreiben, zu diskutieren, Probleme zu lösen oder sich anderweitig mit dem Lernstoff zu befassen. Wichtig bei dieser Form des Lernens ist, dass sie Denkaufgaben höherer Ordnung wie Analyse, Synthese und Bewertung beinhaltet.

Diese Lernstrategien fördern aktives Lernen, weil sie den Schüler dazu bringen, Dinge zu lernen und dann aktiv darüber nachzudenken, was er tut, während er es tut. Dies wird gemeinhin als Nachdenken über das Nachdenken bzw. als Metakognition bezeichnet. Während sich die Schüler mit dem Inhalt beschäftigen, sollten sie ebenfalls darüber nachdenken, wie sie diesen Inhalt lernen, was funktioniert, welche Dinge zu Verwirrung führen und wie sich ihre Denkweise verändert, wenn sich das Lernthema verändert. Auf diese Weise finden die Schüler heraus, was für sie gut funktioniert und welche Anpassungen sie beim nächsten Mal vornehmen sollten. Zudem lernen sie auf diese Weise schneller und effektiver aus ihren Fehlern. Metakognitive Praktiken erhöhen ihre allgemeine Fähigkeit, ihren Lernprozess auf neue Zusammenhänge und Aufgaben zu übertragen und anzupassen.

In Bezug auf das Anfertigen von Notizen haben diese Konzepte mehrere Auswirkungen. Es handelt sich hierbei um einen interaktiven Prozess, welcher beinhaltet, dass Sie die ursprünglichen Notizen viele Male wiederverwenden, um sich an den Inhalt zu erinnern, im Gegensatz zu der Annahme, dass das Anfertigen von

Notizen eine einmalige Aktivität des Kopierens ist. Eine maßgebliche Strategie für das Anfertigen von Notizen ist die sogenannte Cornell-Methode, die einen Leitfaden für das Anfertigen von Notizen darstellt. Dieser Leitfaden hilft Ihnen dabei, Ihre Notizen in leichter verständliche Zusammenfassungen zu organisieren. Die Cornell-Methode umfasst vier Phasen des richtigen Notierens:

#*1 Notizen machen*

Zu Beginn sollten Sie eine Seite vorbereiten, auf der Sie sich Notizen machen, und zwar jedes Mal auf die gleiche Weise. Schreiben Sie oben auf der Seite eine wesentliche Frage auf, die für das Lernthema relevant ist, um sich auf ein wichtiges Lernziel zu konzentrieren, das Sie nach Ihrer Lernsitzung besprechen können sollten. Anschließend können Sie die Seite in Spalten unterteilen. Eine Spalte nimmt etwa ein Drittel der Seite ein und ist für Fragen und zugehörige Anmerkungen vorgesehen, die Sie später hinzufügen können, wenn Sie die Notizen erneut durchgehen. Die andere Seite ist für Einträge gedacht, die während einer Konferenz, einer Vorlesung oder einer Lernsitzung gemacht werden (dies können auch Notizen aus einem Lehrbuch, einem Video, einem Podcast oder einer verwandten Quelle sein).

Während der gesamten Lernsitzung sollten Sie zuhören und sich Notizen in Ihren eigenen Worten anfertigen, anstatt wortwörtlich aufzuschreiben, was Sie hören oder sehen. Paraphrasieren Sie, was Sie hören, sodass es für Sie Sinn ergibt. Sie können in Ihrem Notizbuch Leerstellen zwischen den Hauptgedanken lassen, damit Sie später darauf zurückkommen und Informationen hinzufügen können. Achten Sie beim Zuhören darauf, dass Sie eher in Stichworten als in vollständigen Sätzen schreiben (verwenden Sie nach Möglichkeit Aufzählungspunkte und Listen), und entwickeln Sie Ihren eigenen konsistenten Stil für Abkürzungen oder Symbole, um Zeit zu sparen. Während Sie sich mit dem Lerninhalt beschäftigen, werden Sie besser lernen, wie Sie auf wichtige Informationen im Gegensatz zu trivialen Informationen achten können. Diese Vorgehensweise wird Ihnen dabei helfen, Hinweise des

Kursleiters oder der Quelle zu beachten. Wenn die Quelle sagt, dass eine bestimmte Sache wichtig oder ein Schlüsselthema ist, dann ist das ein Zeichen für Sie, den folgenden Inhalten besondere Aufmerksamkeit zu schenken. Zudem können Sie Textmarker oder farbige Stifte verwenden, während Sie sich Notizen machen, um wichtige Änderungen in Ideen, Konzepten oder Verbindungen zwischen Informationen hervorzuheben. Wenn Sie auf diese Weise kreativ werden, können Sie sich besser konzentrieren und bei der Sache bleiben, weil Sie so Möglichkeiten finden, dass der Inhalt interessant bleibt.

#2 Notizen redigieren

Gehen Sie nun Ihre Notizen erneut durch und überarbeiten Sie den Inhalt. Überprüfen Sie, was Sie geschrieben haben, und achten Sie darauf, ob es Dinge gibt, die Sie genauer oder eindeutiger anpassen oder verändern müssen. Schreiben Sie Fragen in die Spalte, die Sie zuvor leer gelassen haben, die mit der Antwort (Ihren ursprünglichen Notizen) auf der anderen Seite übereinstimmen. Verwenden Sie Textmarker oder Symbole, um wichtige Informationen oder Materialien auf zusammenhängende Art und Weise zu verbinden. Nun ist auch ein guter Zeitpunkt, um sich Feedback einzuholen. Sie können Ideen austauschen und mit anderen Schülern oder –noch besser – mit einem Ausbilder oder Trainer zusammenarbeiten, um Ihr Verständnis der Inhalte zu überprüfen und die Vollständigkeit und Richtigkeit Ihrer Notizen zu kontrollieren.

#3 Mit den Notizen interagieren

Nachdem Sie Ihre Notizen umgestaltet haben, sollten Sie nun Ihren gesamten Lernprozess verknüpfen, indem Sie eine Zusammenfassung schreiben, die auf die wesentliche Frage eingeht und die Fragen beantwortet, die Sie während der Erstellung Ihrer Notizen in die zweite Spalte geschrieben haben. Denken Sie daran, dass eine Zusammenfassung einen allgemeinen Überblick über den Lerninhalt darstellt, der sich von einer Reflexion unterscheidet. Eine Reflexion der Lerninhalte konzentriert sich hingegen auf Ihre Reaktion bezüglich der Lernaufgabe. Sie können aus Ihren Notizen lernen, indem Sie für jedes Lernthema regelmäßige Zeiten zum Überarbeiten Ihrer Notizen einplanen. Wenn Sie sie später erneut durchlesen, können Sie die Fragen und Antworten verwenden, um sich selbst zu testen.

#4 Nachdenken über die Notizen

Die letzte Phase des Notierens beinhaltet die Reflexion über den Inhalt, den Sie aufgeschrieben haben. Sie sollten sich ein schriftliches Feedback von einem Kollegen, Tutor oder Ausbilder einholen, um Ihr Verständnis von dem Thema sowie die Richtigkeit Ihrer Notizen zu überprüfen, da Sie sich noch in der ersten Lernphase befinden. Sie sollten anschließend auf das Feedback eingehen, indem Sie sich auf einen Bereich der Herausforderung konzentrieren, die Sie während Ihres Lernprozesses erleben, der mit diesem Inhalt zusammenhängt, sowie auf alle weiteren Fragen, die sich daraus ergeben. Diese Vorgehensweise wird Ihnen langfristig dabei helfen, Ihr Gesamtverständnis für den Stoff zu vertiefen. Als Lernwerkzeug ist es hilfreich, die Reflexion in regelmäßigen Abständen während des gesamten Lernprozesses durchzuführen, insbesondere im Vorfeld von wichtigen Prüfungen, Präsentationen oder anderen Leistungsüberprüfungen.

Weitere Lerntipps

Wie bei vielen Dingen stellt das Anfertigen von Notizen nur den ersten Schritt in Ihrem Lernprozess dar. Aus diesem Grund möchte ich dieses Kapitel mit ein paar zusätzlichen hilfreichen Tipps abschließen, die Sie verwenden können, sobald Sie Ihre Notizen griffbereit haben. Generell gilt: Je öfter Sie in Kontakt mit neuen Informationen kommen, desto seltener werden Sie sie vergessen.

Üben Sie im Frage-Antwort-Format. Unabhängig davon, ob Sie ein Lehrbuchkapitel lesen oder Ihre Vorlesungsnotizen durchgehen: Versuchen Sie, immer nach einer Antwort auf eine wichtige Frage zu suchen, die Sie sich ausgedacht haben, um Ihre Aufmerksamkeit auf die Vertiefung Ihres Verständnisses des Inhalts zu richten. Oft sind Tests in einem Frage-Antwort-Format aufgebaut, sodass Sie sich ebenfalls auf wichtige Leistungsvergleiche vorbereiten können. Sie lernen die Informationen auf die Art und Weise, wie sie in einem Test wahrscheinlich abgefragt werden.

Verwenden Sie Karteikarten. Nutzen Sie Ihre Notizen als Leitfaden und schreiben Sie anschließend alle wichtigen Informationen auf Karteikarten: Schreiben Sie einen Begriff, eine Frage usw. auf die Vorderseite der Karte und die Definition oder Antwort auf die Rückseite. Denken Sie daran, nur ein Konzept, einen Begriff bzw. eine Frage pro Karte zu verwenden. Dies ist eine weitere Möglichkeit für Sie, das Frage-Antwort-Format anzuwenden. Karteikarten sind zudem sehr portabel. Sie können sie überallhin mitnehmen und jede freie Minute am Tag nutzen, um sich selbst zu abzufragen.

Lernen Sie in kleinen Zeitabschnitten. Die beste Methode, um eine neue Fähigkeit zu erlangen, besteht darin, sich den neuen Lernstoff schrittweise in kurzen Intervallen über einen bestimmten Zeitraum hinweg einzuprägen. Hierbei handelt es sich um das Gegenteil von Pauken. Beim sogenannten Pauken versuchen Sie, große Mengen an Informationen in einer oder zwei langen Lerneinheiten aufzunehmen. Pauken ist die am wenigsten effektive Lernmethode für das langfristige Behalten von Informationen. Wie ich später noch erläutern werde, gibt es jedoch einen Anwendungsbereich fürs Pauken, wenn Sie schnell neue Fähigkeiten erlernen wollen. Im Allgemeinen werden Sie Informationen besser behalten, wenn Sie Ihre Lernsitzung in vier oder fünf zehnminütige Lernabschnitte unterteilen. Wenn Sie dies jeden Tag bis zum Tag der Leistungsüberprüfung tun, werden Sie sehr gut abschneiden.

Erstellen Sie sich einen Zeitplan. Es wird Ihnen eine große Hilfe sein, wenn Sie einen Lernplan haben und gemäß Ihren Prioritäten lernen. Sie sollten sich entscheiden, auf welche Weise Sie Ihre Lerneinheiten aufteilen und Ihre Zeit organisieren wollen. Es kann sich lohnen, einen Kalender mit Tests und Aufgaben zu führen (entweder für die Aufgaben, die Ihnen zugewiesen wurden, oder die, die Sie selbst erstellt haben). Lernen und planen Sie Ihre Lernzeiten so, dass Sie am aufmerksamsten sind. Wenn es Ihr Alltag erlaubt, gönnen Sie sich Pausen zwischen dem Lernen neuer Inhalte und der Fahrt zur Arbeit oder einer anderen Tätigkeit. Diese Pausen ermöglichen es Ihnen, das gerade Gelernte zu wiederholen. Außerdem können Sie auf diese Weise eventuell sogar die nächsten Lerninhalte vorbereiten und organisieren, falls dies möglich ist.

Verteilen und modifizieren Sie Ihre Übungspraxis. Untersuchungen haben ergeben, dass kurze Lerneinheiten besser sind, um sich ein Thema über einen bestimmten Zeitraum einzuprägen. Dadurch wird ein sinnvoller Lernprozess gefördert, der länger anhält. Je mehr Sie Ihre Übungseinheiten aufteilen, desto effektiver werden diese im Laufe der Zeit für Ihren Lernerfolg sein. Kleinere Lerneinheiten werden Ihnen dabei helfen, die neuen Informationen zu behalten und motiviert zu bleiben, weiter zu lernen. Wenn Sie während dieser wiederholten Übungseinheiten leichte Änderungen vornehmen, werden Sie eine Fähigkeit schneller beherrschen, als wenn Sie sie jedes Mal auf dieselbe Weise ausführen. Dies funktioniert jedoch nur, wenn die Änderungen, die Sie vornehmen, klein sind. Große Veränderungen beim Üben einer neuen Fertigkeit helfen nicht auf dieselbe Weise.

Zusammenfassung des Kapitels

Wenn Sie sich Notizen machen, können Sie ein paar einfache Dinge priorisieren. Notieren Sie sich die Informationen von Hand, denn durch das Aufschreiben können Sie diese besser verstehen und vor allen Dingen auch behalten. Das Umformulieren von Informationen in Ihre eigenen Worte hilft Ihnen ebenfalls dabei, die

Informationen länger zu behalten, was bedeutet, dass Sie sich besser daran erinnern und bei Tests bzw. Prüfungen besser abschneiden werden. Das Anfertigen von Notizen ist ebenfalls ein interaktiver Prozess, bei dem die ursprünglichen Notizen mehrmals verwendet werden, wobei ein Prozess namens Cornell-Methode (Notizen machen, Notizen redigieren, mit den Notizen interagieren sowie über die Notizen nachdenken) verwendet wird. Neben der Cornell-Methode habe ich Ihnen noch einige weitere Lerntipps gegeben, die Sie bei der Strukturierung Ihrer Lernsitzungen berücksichtigen sollten, z. B. Lernen im Frage-Antwort-Format, Verwendung von Karteikarten, Lernen in kleinen Abschnitten, Erstellen eines Zeitplans und Verteilen und Modifizieren Ihrer Übungen. Im nächsten Kapitel erfahren Sie, wie Sie Ihren Lernprozess noch weiter verbessern und Ihr Fachwissen auf die nächste Stufe bringen können.

KAPITEL SIEBEN:

Wie Sie Ihr Fachwissen erweitern

Wenn Sie etwas Neues lernen, dann kann es recht kompliziert sein, sich von mäßigen Kenntnissen auf das Niveau eines Experten zu verbessern. Sie haben mit den Grundkenntnissen begonnen, und je nachdem, wie steil die Lernkurve für Ihr bestimmtes Themengebiet ist, kann es eine Weile dauern, bis Sie dort ankommen, wo Sie hinwollen. Für den Anfang sollten Sie sich mental in die richtige Form bringen. Stimmen Sie sich geistig auf das Thema ein und nehmen Sie eine positive Einstellung an. Dies ist eine Herausforderung, doch mit der richtigen Hilfestellung können Sie schnell und sicher ans Ziel kommen.

Da wir heutzutage über neue Technologien verfügen, ist ein schneller Lernprozess bereits Realität und zwar mehr, als uns bewusst ist. Die heutige Generation von Schülern lebt im Zeitalter des Wissens und der Information. Bedenken Sie: Durch das Internet können wir auf alle Arten von Wissen zugreifen, sodass wir fast jede erdenkliche Frage beantworten können, die wir haben. Hinzu kommt, dass die Vorstellung, dass Menschen Naturtalente sind oder bereits als Genies geboren werden, ständig infrage gestellt und durch Forschungen ersetzt wird, die nahelegen, dass es viel stärker unserem Naturell als Menschen entspricht, neue Dinge zu lernen. Alles, was wir benötigen, ist die richtige Anleitung, damit Sie Ihren eigenen einzigartigen Code zum Lernen herausfinden können. Die folgenden Empfehlungen werden Ihnen dabei helfen, diesen persönlichen Lerncode zu entdecken und auf dem richtigen Weg zu bleiben, damit Sie schnell ein Experte in Ihrem gewählten Themengebiet werden.

Finden Sie einen Mentor

Denken Sie daran: Erfolg hinterlässt Spuren. Die beste Abkürzung, um ein Experte zu werden, besteht darin, einen Experten zu finden, der bereits die Ziele erreicht hat, die Sie erreichen wollen, und dann eine Beziehung zu ihm aufzubauen, damit Sie von seinen Erfahrungen profitieren können. Dabei geht es genauso sehr um die Misserfolge wie um die Erfolge. Sie sollten versuchen, nicht die gleichen Fehler zu machen, die Ihr Mentor auf seinem Weg zum Erfolg begangen hat. Vom Experten zu erfahren, was man nicht tun sollte, wird Ihren Lernprozess beschleunigen. Es kann für Sie eine große Hilfe sein, wenn eine solche Person Sie persönlich anleitet.

Viele Menschen verstehen nicht, wie man die Suche nach einem Mentor angeht. Sie wollen vielleicht einen Mentor finden, verstehen jedoch nicht ganz, was das überhaupt bedeutet. Sie sollten recherchieren und ein paar geeignete Kandidaten auswählen, die Sie sich gerne als Mentor an Ihrer Seite wünschen. Nehmen Sie sich ein wenig Zeit, um mehrere Dinge zu bedenken, bevor Sie solche Personen ansprechen. Die Chancen stehen gut, dass es sich bei einer solchen Person um eine Führungspersönlichkeit handelt, die Sie bewundern, und die Art und Weise, wie Sie auf sie zugehen, könnte den Ausschlag dafür geben, ob sie Ihre Einladung annimmt oder nicht. Das Letzte, was Sie tun wollen, ist, eine Person in eine unangenehme Lage zu bringen, in der sie sich vielleicht schlecht fühlt, weil sie Nein gesagt hat, oder sich verpflichtet fühlt, Ja zu sagen.

Denken Sie zuallererst daran, dass es beim Mentoring nicht nur um Sie geht. Die Person, die Sie sich als Mentor wünschen, wird wahrscheinlich nicht nach Ihnen suchen. Also müssen Sie aktiv vorgehen, um einen Mentor zu finden. Überlegen Sie sich genau, was Sie von dieser Person wollen. Diese Person sollte jemand sein, dem Sie nacheifern, und nicht nur jemand, der einen Job hat, den Sie sich erhoffen. Diese Person sollte ähnliche Stärken und Fähigkeiten besitzen, die Sie übernehmen und von denen Sie lernen wollen. Es ist keine schlechte Idee, sich mehrere Kandidaten anzusehen, bevor Sie sich auf einen (oder zwei, je nach Verfügbarkeit) festlegen. Sobald Sie die Person ausgewählt haben, die Sie als Mentor haben möchten, sollten Sie sie kennenlernen. Lesen Sie Artikel, die diese Person geschrieben hat, folgen Sie ihrem Blog und so weiter. Je mehr Sie über diese Person und ihr öffentliches Auftreten wissen, desto realistischer sind Ihre Erwartungen.

Jetzt, nachdem Sie recherchiert haben, sind Sie bereit, die Person zu fragen. Versuchen Sie, das Wort „Mentor" nicht gleich zu erwähnen. Das ist ein bisschen viel verlangt für ein erstes Treffen. Bitten Sie stattdessen um ein Kennenlernen und sprechen Sie die Person individuell an. Reden Sie darüber, warum Sie überhaupt erst auf diese Person aufmerksam wurden. Schmeicheln Sie sich nicht bei dieser Person ein, sondern seien Sie einfach ehrlich und verständnisvoll. Vielleicht haben Sie einen Artikel oder ein Zitat von dieser Person gelesen, oder Sie sind ein Fan der Organisation, für die sie arbeitet. Wählen Sie dann einen informellen Ort, z. B. ein Café, und beschränken Sie das erste Treffen auf weniger als eine Stunde. Bereiten Sie einige Fragen oder Gesprächspunkte vor, über die Sie sprechen möchten und von denen Sie denken, dass diese Gesprächsinhalte das Treffen angenehmer gestalten könnten. Das Wichtigste ist, dass das Gespräch informativ und positiv verläuft. Achten Sie darauf, sich bei der Person für ihre Zeit zu bedanken. Dieser Mensch ist ein vielbeschäftigter Profi, so wie Sie es auch sein wollen.

In seinem Buch „How to Win Friends and Influence People" spricht Dale Carnegie darüber, wie Sie einflussreiche Menschen dazu bringen können, sich mit Ihnen zu treffen. Sie müssen Ihre Unsicherheiten ignorieren und gleichzeitig mit Bescheidenheit vorgehen. Er schreibt, dass Sie echtes Interesse an der Person zeigen sollten, sich ihren Namen merken, ihr wirklich zuhören, aufrichtig sein und lächeln. Mit anderen Worten: Sie sollten an das Treffen herangehen, als ob Sie versuchen würden, einen Freund zu gewinnen. Das ist etwas, was wirklich jeder tun kann.

Nach dem Treffen können Sie entscheiden, ob Sie einen weiteren Schritt unternehmen wollen oder nicht. Hat die Person Ihr beziehungsorientiertes Auftreten erwidert? Hat sie zu viele unaufgeforderte Ratschläge gegeben oder Sie herablassend behandelt? Hat sie Ihnen Fragen gestellt und schien sie aufrichtig gewesen zu sein? Haben Sie das Treffen mit dem Gefühl verlassen, inspiriert, interessiert und engagiert zu sein? Mit anderen Worten: Hatten Sie das Gefühl, dass zwischen Ihnen beiden eine echte Verbindung entstanden ist? Wenn nicht, belassen Sie es bei einem Versuch. Richten Sie Ihre Bemühungen dann auf jemand anderen. Sie sollten Ihre Zeit nicht damit verschwenden, etwas zu erzwingen, das auf lange Sicht für keinen von beiden gewinnbringend sein wird. Wenn das Treffen jedoch gut gelaufen ist, dann sollten Sie sofort die nächsten Schritte planen.

Anders als bei einer Verabredung ist es in Ordnung, im Gespräch mit einem potenziellen Mentor ambitioniert zu wirken. Sie möchten, dass a) diese Person ganz klar weiß, wonach Sie suchen und b), dass Sie es ernst meinen und nicht ihre Zeit verschwenden würden, wenn sie Sie als Mentee annimmt. Daher ist es angemessen, sofort nachzuhaken und Ihrem potenziellen Mentor für seine Zeit zu danken. Sie können dies per E-Mail oder Textnachricht tun – oder per Telefonanruf, wenn dies die bevorzugte Kommunikationsmethode ist. Erwähnen Sie am Ende des Anrufs oder der Nachricht, dass Sie sich gerne noch einmal treffen würden, und wenn die Person einverstanden ist, bieten Sie an, einen Termin zu vereinbaren. Seien Sie darauf vorbereitet, mehrere Terminvorschläge (normalerweise sind drei oder vier der Standard) anbieten zu können. Denken Sie daran, dass Sie beide sich zu diesem Zeitpunkt noch gegenseitig abtasten. Aus diesem Grund sollte die Stimmung entspannt sein und sich nicht aufgesetzt anfühlen.

Nun folgt der vielleicht schwierigste Schritt: Sie müssen dafür sorgen, dass sich die Beziehung organisch entwickelt, wie bei jeder anderen Freundschaft auch. Sie sollten keine zu hohen Erwartungen an Ihren Mentor oder sogar an sich selbst stellen. Vielleicht sind Sie versucht, die Beziehung sofort als Mentorschaft zu bezeichnen, um ihr einen gewissen Status und eine besondere Bedeutung zu verleihen, aber in Wirklichkeit ist es eine Beziehung wie jede andere auch. Sie muss sich in einem gesunden Tempo für Sie beide entwickeln und auf gegenseitigem Respekt und Vertrauen beruhen. Geben Sie der Beziehung Zeit, damit sie sich so entwickeln kann, wie sie will. Dies kann manchmal herausfordernd werden, was auch gut so ist. Das ist der Zeitpunkt, an dem sich Ihr Mentor wahrscheinlich wohl genug fühlt, um wirklich damit zu beginnen, Ihre Gewohnheiten oder Vorgehensweisen zu verändern, die Ihnen dauerhafte Ergebnisse bringen. Sie werden vielleicht versucht sein, sich zu wehren, was ein normaler Reflex ist. Denken Sie daran, dass das, was Sie als Reaktion daraufhin tun, entscheidend für Ihre Weiterentwicklung ist. Das wollten Sie ja schließlich erreichen. Stellen Sie sich der Herausforderung und entwickeln Sie eine gewisse Resilienz. An dieser Stelle geschehen positive Dinge. Beachten Sie auch, dass es hier nicht um richtig oder falsch geht. Sie und Ihr Mentor können gut und gerne unterschiedliche Meinungen haben. Es kommt darauf an, wie Sie darüber kommunizieren.

Es ist wichtig, dass Sie auf verschiedene Arten die Initiative ergreifen, um die Beziehung zu steuern. Sie können zum Beispiel einen regelmäßigen Terminplan aufstellen, sich an die bevorzugten Besprechungszeiten oder -orte Ihres Mentors anpassen und zu jedem Treffen mit Gesprächsthemen und Fragen erscheinen, über die Sie gerne sprechen möchten. So stellen Sie sicher, dass Sie Ihre Zeit optimal nutzen. Es ist ebenfalls eine gute Idee, wenn Sie lernen, wie Sie Probleme antizipieren und Lösungen (wenn sinnvoll) für Ihren Mentor anbieten können, so wie Sie es für jede andere Person tun würden, der Sie nahestehen. Sie sollten die beruflichen und persönlichen Prioritäten Ihres Mentors verstehen, so wie Sie es auch von ihm erwarten. Sie können mehr von Ihrem Mentor verlangen, ohne es zu fordern. Das wird Ihren Mentor nicht stören, ganz im Gegenteil. Er wird sich dadurch geehrt und für seine Expertise geschätzt fühlen. Wenn Sie Wege finden, die Beziehung zu Ihrem Mentor, die Sie aufgebaut haben, zu festigen, wird das die Beziehung nur noch weiter verbessern.

Stellen Sie sicher, dass Sie Ihren Mentor regelmäßig um Feedback bitten. Es kann sein, dass dieses Feedback hin und wieder schwer für Sie zu verdauen ist, es ist jedoch auch gut für Sie. Feedback zu erhalten, ist der richtige Weg, um sich im Laufe der Zeit weiterzuentwickeln. Um Feedback zu bitten, mag sich anfangs seltsam anfühlen, doch mit der Zeit sollte diese Bitte Ihnen fast zur zweiten Natur werden und Sie werden feststellen, dass Sie nach den Worten dürsten, die Sie früher fürchteten. Ein guter Mentor wird auch diese Phasen mit großer Sorgfalt und Sensibilität behandeln. Vergessen Sie nicht, dass dieser gesamte Prozess Ihr kontinuierliches Engagement erfordert. Einen Mentor zu haben, ist nicht wie ein Sommerpraktikum. Mentoring benötigt eine Menge Zeit und Energie. Nur wenn Sie sich dem Prozess widmen, werden Sie in der Lage sein zu verstehen, was es bedeutet, ein Schüler auf dem Weg zum Experten zu sein.

Kennen Sie die Besten der Besten in Ihrer Nische

Ähnlich wie in der Recherchephase bei der Suche nach einem Mentor sollten Sie im Großen und Ganzen verstehen, wer in Ihrem Fachgebiet gerade von sich reden macht. Wenn Sie auf dem Radar auftauchen und die Dinge lernen wollen, die Sie unbedingt wissen sollten, dann ist es am besten, von den Profis zu lernen, die in dieser Nische tätig sind. Es wird ziemlich einfach sein, diese Profis zu identifizieren, weil sie im Grunde die am meisten zitierten oder aktiven Leute in der Branche sind. Wenn das nicht der Fall ist, können Sie einfach nach Schlüsselwörtern für Ihre Nische googeln und sich die am bestbewerteten Blogs, Artikel oder Buchautoren ansehen. Diese Profis zu finden, ist allerdings nur der Anfang. Ihnen zu folgen und von ihnen wahrgenommen zu werden, ist der nächste Schritt, und der ist viel schwieriger.

Sie müssen vor allem diesen Leuten folgen, weil sie relevant sind (zumindest in Ihrer Nische). Sicher, Sie können an verschiedenen

Stellen im Internet erzählen, dass Sie Ideen haben, die es wert sind, gehört zu werden, aber wenn Sie niemand kennt, interessiert es auch niemanden, und deshalb ist diese Vorgehensweise ziemlich sinnlos. Stattdessen können Sie diesen Leuten folgen und von ihnen lernen. Wie diese Profis die Dinge tun, die sie tun, ist der Standard für Ihre Branche. Wenn Sie aufsteigen wollen, müssen Sie entweder ihre Qualität erreichen oder ihre Fähigkeiten übertreffen. Natürlich ist es etwas knifflig, von solchen Profis wahrgenommen zu werden, denn warum sollten sie das tun? Was bieten Sie ihnen im Gegenzug? Versuchen Sie, etwas Wertvolles zu erschaffen, während Sie Ihr eigenes Netzwerk aufbauen. Entscheiden Sie, wo Ihr Wert liegt, und präsentieren Sie ihn.

Die Meinung dieser Menschen ist wichtig, ebenso wie ihr soziales Umfeld. Einfach nur in ihren Blogs zu stöbern, wird nicht ausreichen. Sie sollten immer eine Duftmarke hinterlassen. Kommentieren Sie, nehmen Sie an all den Dingen teil, die online passieren (nehmen Sie z. B. an einem Webinar teil oder kommentieren Sie Videos oder Ähnliches). Noch besser ist Folgendes: Korrespondieren Sie mit namhaften Autoren oder Bloggern. Höchstwahrscheinlich werden diese Personen zu beschäftigt sein, um zu antworten, aber versuchen Sie es zumindest, indem Sie den Kontakt aufnehmen und eine Verbindung herstellen. Sie können sich selbst helfen, indem Sie sinnvolle, antwortwürdige Nachrichten verfassen, auf die Sie Rückmeldung erhalten. Das ist zwar schwieriger als ein persönliches Treffen, doch Sie können diesen Ansatz auf die gleiche Weise angehen, um eine Beziehung aufzubauen, wie Sie es mit einem Mentor tun würden. Wenn es in Ihrer Nische persönliche Veranstaltungen gibt, sollten Sie auch an so vielen Events wie möglich teilnehmen. Meetings, Seminare, Konferenzen, Happy-Hour-Gruppen oder jede andere Art von Social-Networking-Veranstaltungen: Machen Sie es sich zur Aufgabe, so viele Veranstaltungen wie möglich zu besuchen. Sie können darauf wetten, dass dies die Orte sind, an denen die Experten und Besten der Besten vertreten sein werden, was bedeutet, dass Sie auf jeden Fall auch dort sein sollten.

Das bedeutet auch, dass Sie Trends in Ihrer Nische konsequent verfolgen sollten. Jedes Fachgebiet unterliegt Veränderungen, manche schneller als andere. Experten sind die Menschen, die immer an der Spitze des Geschehens bleiben. Sie erforschen neue Trends, um zu verstehen, in welche Richtung sich ihre Branche entwickelt. Das verschafft ihnen sowohl Weitblick als auch neue Erkenntnisse. Während andere die sich verändernden Wellen des Fortschritts nicht wahrnehmen, können Experten die Zusammenhänge leichter und schneller erkennen, sodass sie von den kommenden Veränderungen profitieren können. Sie können sich über Trends auf dem Laufenden halten, indem Sie spezielle Google Alerts für Trends einrichten, die Sie verfolgen, oder Blogs und Websites wie TrendHunter abonnieren. Eine weitere wichtige Maßnahme, die Sie ergreifen können, ist die Bereitschaft, mehr zu lesen. Suchen und lesen Sie Berichte von Branchenanalysten, die versuchen, Branchentrends für die nächsten zehn Jahre vorherzusagen. Es kann nicht schaden, Ihr Netzwerk anzuschreiben, wenn Sie einen neuen Trend sehen, um zu erfahren, was diese Menschen davon halten.

Definieren Sie Ihr Netzwerk (und definieren Sie es neu)

Networking ist ein wichtiger Bestandteil zur Bereicherung Ihres persönlichen und beruflichen Lebens und könnte der Schlüssel dazu sein, dass Sie Ihren Traumjob bekommen. Allerdings haben selbst die extrovertiertesten Menschen Schwierigkeiten damit, effektiv zu netzwerken. Die Vorstellung, mit Fremden Kontakte zu knüpfen, kann recht einschüchternd wirken, und oftmals weiß man nicht genau, wo man anfangen soll. Trotz dieser Herausforderungen wird der Aufbau eines Netzwerks, von dem Sie wirklich profitieren, von unschätzbarem Wert sein, wenn Sie sich darauf konzentrieren, etwas Neues zu lernen und ein geschätzter Experte auf einem bestimmten Fachgebiet zu werden.

Lassen Sie uns zunächst definieren, was ein Netzwerk ist. Ihr berufliches Netzwerk ist eine Gruppe von Menschen, die sich über ein gemeinsames Thema verbunden haben, das für Ihre Arbeit relevant ist. Die Personen kommen aus geschäftlichen oder beruflichen Gründen zusammen und suchen nach Möglichkeiten, um sich berufsbezogen miteinander zu vernetzen. Dies könnte ein Weg für Sie sein, sich über Jobangebote zu informieren, doch in Wirklichkeit ist Networking, wenn es richtig gemacht wird, so viel mehr als das. Abgesehen davon, dass Sie durch Ihr Netzwerk arbeitsbezogene Probleme lösen, Empfehlungen für Anbieter oder Lieferanten finden und Informationen über potenzielle Arbeitgeber, Mitarbeiter und Kunden erhalten können, so ist es ebenfalls eine Plattform, mit deren Hilfe Sie lernen können. Die Mitglieder Ihres Netzwerks sind diejenigen, an die Sie sich mit Fragen und Anliegen wenden, und im weiteren Sinne jene, von denen Sie lernen. Es ist Ihre Lerngemeinschaft, an die Sie Ideen richten und in die Sie sich integrieren können, während Sie neue Informationen finden und Ihr vorhandenes Wissen über Ihren Bereich vertiefen.

Wer sollte also in Ihrem Netzwerk sein? Diese einzigartige Gruppe kann aus fast jeder Person bestehen, die Sie jemals kennengelernt haben, solange sie ein paar Kriterien erfüllt. Sie wollen, dass diese Leute einen guten Charakter haben und Ihre Ziele in irgendeiner Art und Weise unterstützen. Beginnen Sie damit, an den offensichtlichen Stellen zu suchen: Ihren früheren und aktuellen Arbeitsplätzen. Aktuelle und ehemalige Mitarbeiter sind Menschen, zu denen bereits eine gewisse Verbindung besteht. Dies ist also ein guter Ausgangspunkt. Die Chancen stehen gut, dass sie Sie mit jemandem bekannt machen können, der ähnliche Interessen hat oder einen hilfreichen Kontakt darstellt, wenn Sie sich in Ihrem Bereich weiterentwickeln wollen.

Außerdem sollten Sie recherchieren und an Fachkonferenzen und Veranstaltungen teilnehmen, bei denen Sie Gleichgesinnte mit ähnlichen Karrierezielen kennenlernen und mit ihnen in Kontakt treten können. Finden Sie heraus, welche Arten von Berufsverbänden es in Ihrer Gegend gibt, die Sie mit Teilnehmern von Interesse bekannt machen. Viele Konferenzen haben eine Liste von Organisationen oder Arbeitgebern, die an der bevorstehenden Konferenz teilnehmen, sodass Sie mit etwas Fleiß schon im Vorfeld herausfinden können, mit wem Sie vielleicht in Kontakt treten möchten. Vergewissern Sie sich vor der Teilnahme an einer Konferenz, dass Sie über aktuelle Visitenkarten mit Ihren nicht-beruflichen Kontaktinformationen verfügen, und bringen Sie diese mit. Wenn Ihnen die Konferenz besonders gut gefällt und es eine Option ist, können Sie sich dafür entscheiden, ein aktives Mitglied der Vereinigung oder Organisation zu werden, die die Konferenz veranstaltet hat. Sie könnten in einem Komitee mitarbeiten oder sich freiwillig für die nächste Konferenz melden. Dies gibt Ihren Kollegen die Möglichkeit, Sie live und in Aktion zu sehen.

Zusätzlich zu Veranstaltungen und Konferenzen können Sie Ihre LinkedIn-Seite und/oder Facebook nutzen, um Verbindungen mit anderen zu knüpfen, obwohl Studien zeigen, dass sich ein persönliches Treffen in der Regel am besten für längerfristige Beziehungen eignet. Als Ausgangspunkt können diese Events jedoch hilfreich sein, um bei jemandem einen Fuß in die Tür zu bekommen. Pflegen Sie Ihre LinkedIn-Seite, ähnlich wie Sie Ihren Lebenslauf pflegen würden. Posten Sie über Ihre Leistungen und aktuellen Entwicklungen und knüpfen Sie Verbindungen mit anderen Personen aus Ihrem Fachgebiet, Ihrer Schule oder Ihren bevorzugten Unternehmen.

Denken Sie daran, dass auch Ihre Freunde und Familie wertvolle Teile Ihres Netzwerks darstellen. Sprechen Sie mit diesen Menschen über Ihre Karriereziele und -wünsche. Die Chancen stehen gut, dass sie jemanden aus ihrem eigenen Netzwerk kennen, der einige hilfreiche Informationen für Sie hat. Sie wissen nie, wer Ihnen Rat und Unterstützung geben kann, also sprechen Sie darüber! Wenn Sie so vorgehen, können Sie ebenfalls Chancen für Ihr Privatleben schaffen, da Sie Ihre erweiterte oder verschwägerte Familie besser kennenlernen. Erinnern Sie sich in ähnlicher Weise an Ihre ehemaligen Professoren oder Dozenten von der Hochschule oder sogar der Schule. Wenn Sie mit einem Lehrer eng befreundet waren oder sich in irgendeiner Weise an einen Schüler oder Studenten erinnern, bleiben Sie in Kontakt mit dieser Person.

Sie kann Sie entweder mit anderen in Kontakt bringen oder in irgendeiner Weise Mentor für Sie sein. Ehemalige Klassenkameraden können das Gleiche tun. Wenn es an Ihrer Universität Treffen oder Klassentreffen gibt, versuchen Sie, an so vielen Veranstaltungen wie möglich teilzunehmen und Kontakte zu anderen Studenten zu knüpfen, die in denselben Klassen waren oder einen ähnlichen Abschluss haben. Wenn Sie älter werden, werden diese Kontakte immer wertvoller. Wenn Sie Mitglied einer Burschenschaft oder Schwesternschaft waren, können Sie auch hier fündig werden.

Freiwilligenarbeit für wohltätige Zwecke ist eine weitere Möglichkeit, sich zu vernetzen und Menschen kennenzulernen, die sich in der Gemeinschaft engagieren und gleichzeitig daran arbeiten, die Gesellschaft zu verbessern. Es ist eine großartige Möglichkeit, andere Menschen zwanglos aus einem nicht-professionellen Blickwinkel kennenzulernen, der sich für einige Menschen vielleicht etwas natürlicher anfühlt. Vielleicht entdecken Sie sogar etwas, das Sie nicht über sich selbst wussten, oder Sie finden eine neue Fähigkeit oder ein neues Gebiet, für das Sie sich interessieren. Und wenn Sie sich ehrenamtlich engagieren, sammeln Sie nicht nur Erfahrungen und lernen andere Gleichgesinnte kennen, sondern Sie bewirken auch etwas für andere Menschen. Abgesehen davon, dass es in Ihrem Lebenslauf oder auf LinkedIn gut aussieht, fühlen Sie sich durch die guten Dinge, die Sie tun, auch noch gut.

Während Sie Ihr Netzwerk neu definieren, ist es wichtig, dass Sie darauf achten, dass Ihr Netzwerk lebendig und gesund ist. Behandeln Sie es nicht wie ein verstaubtes altes Buch im Regal, das Sie nur alle paar Jahre in die Hand nehmen, um ein oder zwei Dinge nachzuschlagen. Betrachten Sie es als einen Organismus. Ihr Netzwerk lebt und atmet und muss gepflegt werden, sonst verblasst es. Das letzte, was Sie wollen, ist, sich an eine Person zu wenden, die sich nicht an Sie erinnert, oder eine großartige Gelegenheit zu verpassen, weil ein Kontakt zwar etwas weiß, aber nicht an Sie denkt. Sie sollten planen, um mit den Leuten in Ihrem Netzwerk in Verbindung zu bleiben. Wenn manche Leute nicht in Ihrer Nähe wohnen, dann stellen Sie sicher, dass sie wissen, dass sie sich immer bei Ihnen melden können, wenn sie in Ihrer Stadt sind. Senden Sie jedes Jahr ein paar wichtige E-Mails oder Notizen an Ihr Kernnetzwerk, damit diese wissen, was Ihre Pläne sind. Die Feiertage sind ein idealer Zeitpunkt dafür, ebenso Zeiten, in denen Sie eine Veränderung vornehmen, z. B., wenn Sie einen neuen Job beginnen oder in eine neue Stadt ziehen.

Wenn Sie Ihr Netzwerk weiter ausbauen, denken Sie daran, dass es wichtiger ist, wen Sie kennen, als, wie viele Leute Sie kennen. Hier gilt „Qualität vor Quantität"! Jim Rohn, ein Guru auf dem Gebiet der Persönlichkeitsentwicklung, sagt, dass wir der Durchschnitt der fünf Personen sind, mit denen wir die meiste Zeit verbringen. Das kann für einige von uns ein erschreckender Gedanke sein. Denken Sie darüber nach, wer diese fünf Menschen für Sie sind. Wenn Sie Ihr berufliches Potenzial steigern wollen, müssen Sie sich mit Menschen umgeben, die Sie inspirieren und motivieren. Die Menschen in Ihrem Umfeld haben einen großen Einfluss auf Ihr Leben. Daher ist es wichtig, dass Sie sich mit den richtigen Menschen umgeben. Es ist entscheidend für Sie, Menschen zu finden, die Sie inspirieren, die eine ähnliche Denkweise wie Sie haben oder die als Mentoren fungieren können. Sie brauchen Menschen in Ihrem Leben, die Sie anspornen, anstatt Sie in eine negative Richtung zu ziehen oder Sie in Ihrer Weiterentwicklung zu behindern.

Nehmen Sie sich eine Minute Zeit, um zu überlegen, mit wem Sie den Großteil Ihrer Zeit verbringen. Wer sind Ihre engsten fünf Freunde? Wie unterstützen Sie sie? Wie unterstützen sie Sie? Gewinnen Sie durch diese Personen an Inspiration und Ansporn, besser zu werden? Wie fühlen Sie sich in ihrer Nähe? Bauen sie Sie auf? Werden Sie in irgendeiner Weise ausgebremst? Die Werte, welche die Menschen haben, mit denen Sie Zeit verbringen, werden in Ihr Leben und Ihr Wertesystem eindringen, im Guten wie im Schlechten. Deshalb ist es so wichtig, dass Sie mit den Menschen, mit denen Sie viel Zeit verbringen, im Einklang sind. Andernfalls werden Sie unzufrieden sein oder Ihre eigenen Ziele und Werte aus den Augen verlieren. Wenn Sie Zeit mit Menschen verbringen, die motiviert, fleißig, glücklich, erfolgreich und gesund sind, dann werden Sie anfangen, einige dieser positiven Nebeneffekte selbst zu erleben. Sie werden sich dazu inspiriert fühlen, sich weiterzuentwickeln, um diesen Eigenschaften zu entsprechen. Je mehr Sie diesen Personen nacheifern, desto mehr ziehen Sie solche Menschen in Ihr Leben. Daraus entsteht ein positiver Kreislauf der Güte und der Inspiration.

Während Sie Ihr Netzwerk ausbauen und optimieren, denken Sie einfach daran, authentisch zu sein und offen zu bleiben. Sie wissen nie, wen Sie kennenlernen könnten. Seien Sie mutig und respektvoll. Wenn Sie eine Veranstaltung mit Personalverantwortlichen besuchen, bitten Sie eine dieser Personen um ein Informationsgespräch. Sprechen Sie Fachleute in Ihrem Netzwerk und darüber hinaus an. Am wichtigsten ist, dass Sie sich nicht von Ihrer Schüchternheit aufhalten lassen. Diejenigen Personen unter Ihnen, die mit Schüchternheit zu kämpfen haben, laufen Gefahr, die Vorteile des professionellen Networkings zu verpassen. Denken Sie daran, dass jeder damit kämpft, da es nicht einfach ist, auf andere Personen zuzugehen. Beginnen Sie mit Ressourcen wie LinkedIn und Facebook und arbeiten Sie schrittweise darauf hin, persönliche Treffen anzustreben. Sie können ebenfalls damit beginnen, nach Situationen zu suchen, in denen Sie sich am wohlsten fühlen, und dann diese Gelegenheiten zu nutzen, um Beziehungen zu anderen Menschen aufzubauen. Wenn Sie zum Beispiel an einer Aktivität teilnehmen, die Ihnen Spaß bereitet, werden Sie bei dieser Gelegenheit auch andere Menschen kennenlernen, die ebenfalls Spaß daran haben. Ebenso gibt Ihnen die Ausübung einer ehrenamtlichen Tätigkeit die Möglichkeit, mit Menschen in Kontakt zu kommen, mit denen Sie etwas gemeinsam haben. Fangen Sie klein an und entwickeln Sie sich dann weiter.

Hören Sie niemals mit dem Lernen auf

Dieser Tipp ist äußerst wichtig. Man sollte meinen, dass Experten irgendwann alles gelernt haben, was sie lernen konnten, um auf das Niveau zu gelangen, auf dem sie sich als Experten befinden. Doch das ist einfach nicht wahr. Experten hören nie auf zu lernen. Niemals! Tatsächlich nehmen sich die meisten Menschen, sobald sie Experte auf einem Gebiet geworden sind, vor, mehr zu lernen. Der Grund dafür ist einfach. Wenn Sie erst einmal Experte sind und beginnen, die Vorteile des Expertendaseins zu genießen, werden Sie Experte bleiben wollen. Abgesehen davon, dass Sie stolz auf diese Leistung sind, haben Experten den Drang, sich weiterzubilden und informiert zu bleiben. Typischerweise lesen Experten mehr, bilden sich in Kursen und Workshops weiter, holen sich regelmäßig Wissen von anderen Experten ein und sind ständig auf der Suche nach neuen Möglichkeiten, um zu lernen und sich weiterzuentwickeln.

Experten neigen dazu, so oft wie möglich neue Informationen zu verschiedenen Themen aufzusaugen. Sie wollen nie aufhören zu lernen. Wenn Sie Experte auf einem Gebiet werden wollen, dann sollten Sie ab und zu neue Blogs lesen und etwas Neues ausprobieren. Dies wird Ihnen helfen, über den Tellerrand zu schauen. Wenn Sie immer noch daran interessiert sind, zu lernen, warum verlassen Sie nicht Ihre Nische und investieren Ihre Zeit, um eine andere, verwandte Nische zu verstehen? Versuchen Sie es mit Design, Internet-Marketing oder Programmierung. Die Möglichkeiten sind endlos! Ich selbst habe so viel gelernt, indem ich neue Dinge ausprobiert habe. Sie haben keine Ahnung, welche tollen Möglichkeiten sich ergeben können, wenn Sie SEO, Blogging und Internet-Marketing miteinander kombinieren, bis Sie es selbst ausprobieren und die Ergebnisse mit Ihren eigenen Augen sehen. Wenn man neue Dinge lernt, kann man sich (buchstäblich und im übertragenen Sinne) eine Menge Möglichkeiten erschließen. Es gibt nichts Besseres, was Ihre bestehenden Fähigkeiten verbessern und Sie insgesamt wettbewerbsfähiger machen kann, als mehrere

Multidisziplinen in Ihrem Kopf zu vereinen. Die Ergebnisse werden unglaublich und ein absoluter Durchbruch für Sie sein, und zwar sowohl persönlich als auch beruflich. Lebenslanges Lernen ist der Schlüssel zu Ihrem Erfolg.

Je mehr Sie lernen, desto mehr Leute werden zuhören wollen, was Sie zu sagen haben. Vielleicht werden Sie sogar zu einem Vordenker auf Ihrem Gebiet. Experten sind nie zufrieden mit dem, was ist, bzw. dem Status quo. In der Regel sind sie immer auf der Suche nach dem nächsten Schritt oder der Weiterentwicklung ihres Berufsfeldes. Sie probieren ständig neue Techniken aus, verbessern bestehende Konzepte, erforschen neue Ideen und schaffen Mehrwert, wo und wie auch immer sie können. Sie streben danach, die Grenzen zu verschieben und die Grenzen ihres Fachgebiets zu erweitern. Experten widmen sich mit echtem Weitblick der Zukunft ihres Fachgebiets. Um an diesen Punkt zu gelangen, müssen Sie mit einer großen Vision klein anfangen. Vielleicht können Sie einen Blog starten oder sehr spezifische Updates auf Ihren Social-Media-Kanälen rund um Ihr Fachgebiet zur Verfügung stellen. Oder Sie könnten in Erwägung ziehen, ein einfaches E-Book zu schreiben, ein White Paper bei einer professionellen Organisation einzureichen oder Artikel für Online-Publikationen zu schreiben. Denken Sie daran, dass es kein Sprint ist, ein Vordenker zu werden, sondern ein Marathon. Sie kommen dorthin, indem Sie viele kleine Dinge gut machen.

Während Sie sich in Ihrem Lernprozess weiterentwickeln, sollten Sie ebenfalls darauf achten, dass Sie Ihr Wissen mit anderen teilen. Expertenwissen wird noch wertvoller, wenn Sie Ihre Fähigkeiten und Ihr Wissen mit Menschen in Ihrem Umfeld teilen, die davon profitieren könnten. Sie sollten Ihrer Fachgemeinschaft stets einen Dienst erweisen. Wenn Sie als Experte angesehen werden wollen, stellen Sie Ihr Fachwissen zur Verfügung, damit alle davon profitieren können, und haben Sie keine Angst davor, beurteilt zu werden. Versuchen Sie, Ihre Bedenken loszulassen und Ihre Gedanken und Ideen (basierend auf Ihrem Fachwissen) nach außen zu vermitteln. Eine Möglichkeit, wie Sie Ihr Wissen weitergeben können, besteht darin, andere zu schulen, z. B., indem Sie bei einer kleinen Veranstaltung oder einer Branchenkonferenz in Ihrer Stadt einen Vortrag halten. Denken Sie bei der Suche nach diesen Gelegenheiten daran, dass es nicht um Sie selbst geht. Denken Sie an Ihr Publikum und an die Möglichkeiten, wie die Verbreitung Ihrer Botschaft Ihr Fachgebiet verbessern kann. Sie sollten als eine Person angesehen werden, die selbstbewusst Informationen teilt und im Gegenzug (in einem vernünftigen Rahmen) nichts erwartet. Das Weitergeben Ihres Wissens hilft Ihnen zudem dabei, die Informationen besser aufzunehmen, um sich weiterzubilden.

Zusammenfassung des Kapitels

Um von einem grundlegenden Kenntnisstand zu Fachwissen zu gelangen, müssen Sie ein paar Schlüsselmaßnahmen priorisieren – und sich daran halten! Diese sind: einen Mentor in Ihrem Bereich finden, mit dem Sie eine gute Beziehung aufbauen können und der Sie auf produktive Weise herausfordert; die Besten der Besten in Ihrem Bereich kennen, die an der Spitze des Geschehens stehen und verstehen, wohin sich Ihre Branche entwickelt; ein Netzwerk formen, das wirklich für Sie und Ihr Bestreben, ein geschätzter Experte in Ihrem Bereich zu werden, funktioniert; und so oft wie möglich viele neue Informationen zu verschiedenen Themen verinnerlichen – damit Sie niemals aufhören, zu lernen. Im nächsten Kapitel erfahren Sie, welche Maßnahmen Sie ergreifen können, um Ihre Gedächtnisleistung zu verbessern, die Ihnen bei Ihrem Lernprozess helfen werden.

KAPITEL ACHT:

Verbesserung Ihrer Gedächtnisleistung

In vielerlei Hinsicht formen Erinnerungen, wer wir sind, weil diese Erinnerungen unsere inneren Realitäten schaffen. Erinnerungen sind Geschichten über uns selbst, und sie sind die Geschichten dessen, was wir durch unsere Fähigkeit, notwendige Informationen zu relevanten Zeitpunkten abzurufen, lernen können. Es gibt mehrere Faktoren, die mit den Gründen für eine verbesserte (oder verschlechterte) Gedächtnisleistung in Verbindung gebracht werden. Diese Faktoren umfassen alles, von den Genen über die Ernährung bis hin zu Meditationspraktiken. Im Allgemeinen ist es sehr empfehlenswert, den Zuckerkonsum zu reduzieren, hochkalorische Lebensmittel zu vermeiden und sich viel und oft zu bewegen, um eine bessere Gedächtnisfunktion zu erreichen.

Ein sowohl körperlich als auch geistig aktives Leben ist insgesamt wichtig, um Ihre Gehirnfunktionen länger zu erhalten, denn so wie der Rest Ihrer Muskeln mit dem Gebrauch stärker wird, helfen auch mentale Übungen dabei, Ihre geistige Leistungsfähigkeit sowie Ihr Gedächtnis zu trainieren. Körperliche Aktivität steht mit Stresslinderung und einer positiveren Lebenseinstellung in Verbindung, was beides von entscheidender Bedeutung ist, wenn Sie sich dazu verpflichten, etwas Neues zu lernen. Einige Quellen empfehlen sogar eine erhöhte Zufuhr von Koffein, um das Gedächtnis (und dessen Leistungsfähigkeit) zu steigern, wenn auch nur kurzfristig (z. B. während einer Lerneinheit, für einen Test oder eine große Präsentation). Darüber hinaus helfen Ihnen die unten aufgeführten zentralen Praktiken dabei, Ihr Gedächtnis zu verbessern, während Sie eine neue Fähigkeit erlernen.

Schlafen Sie mehr (und besser)

Viele Menschen ertappen sich dabei, dass sie weniger schlafen, je mehr sie zu tun haben, obwohl sie wissen, wie wichtig Schlaf für ihren allgemeinen Gesundheitszustand ist. Es kann verlockend sein, sich einzureden, dass Schlaf nicht produktiv ist und es positive Ergebnisse bringt, wenn man vor einer wichtigen Präsentation, Prüfung oder einem Arbeitstag seine Nachtruhe opfert. Wir neigen dazu, Schlaf als Luxus und nicht als Notwendigkeit zu betrachten. Wenn es jedoch um das Thema Lernen und Gedächtnis geht, dann ist ausreichend zu schlafen tatsächlich eines der wichtigsten Dinge, die Sie tun können.

Forschungen ergaben, dass Menschen, die an Schlafstörungen leiden, oftmals auch an beeinträchtigten Gedächtnisfunktionen leiden. Kognitionswissenschaftler der Universität Washington fanden Beweise dafür, dass Menschen, die nach der Verarbeitung und Speicherung von Unterrichtsstoff schlafen, ihre Vorhaben viel besser ausführen als Menschen, die versuchen, ihren Plan auszuführen, bevor sie geschlafen haben. Diese Forschungsergebnisse geben der Aussage „Schlaf doch mal eine Nacht drüber!" eine völlig neue Bedeutung. Forscher konnten nachweisen, dass Schlaf unsere Fähigkeit verbessert, uns besser an Dinge zu erinnern, die wir in der Zukunft tun wollen. Dies bezeichnet man als prospektives Gedächtnis. Unsere Fähigkeit, zukünftige Handlungen, die wir beabsichtigen, auszuführen, basiert also nicht so sehr darauf, wie diese Absichten in unserem Gedächtnis verankert sind, sondern vielmehr auf einem Auslöser, dem wir später durch einen bestimmten Kontext begegnen, der unsere Erinnerung an diese Absichten auslöst. Das prospektive Gedächtnis bzw. die Dinge, die wir beabsichtigen zu tun, umfassen Dinge, wie uns daran zu erinnern, eine Tablette einzunehmen, einem Freund ein Geschenk zu kaufen oder ein bestimmtes Lebensmittel im Laden zu besorgen. Wir benutzen diese Form des Gedächtnisses jeden Tag. Forscher glauben, dass der Prozess des prospektiven Gedächtnisses während des sogenannten Slow-Wave-Schlafs stattfindet, einem frühen Muster im Schlafzyklus, das sehr förderlich für die

Verbesserung der Gedächtnisleistung ist. Diese Erkenntnisse machen deutlich, wie wichtig es ist, dass Sie schlafen gehen, nachdem Sie Pläne oder To-do-Listen verfasst haben, bevor Sie den Plan selbst ausführen. Kurz gesagt: Schlaf hilft uns dabei, unsere Verknüpfungen zwischen der Aufgabe, die wir zu erledigen beabsichtigen, und dem Kontext, der die Erinnerung an diese Aufgabe auslöst, zu stärken.

Schlaf hilft auch bei der Erinnerungskonsolidierung und verbessert unsere Fähigkeit, uns an die Dinge zu erinnern, die wir während des Tages gelernt haben. Tiefschlaf bzw. Non-REM-Schlaf kann das Gedächtnis verbessern, wenn der Schlaf innerhalb von zwölf Stunden nach dem ersten Lernvorgang erfolgt. Diese Erkenntnis hat wichtige Auswirkungen darauf, wie Sie Ihren Lern- und Schlafzeitplan gestalten sollten. Wenn Ihr aktueller Zeitplan es Ihnen nicht erlaubt, die empfohlenen sieben bis acht Stunden Schlaf pro Nacht zu bekommen, dann können Sie Ihrem Schlaf an den Wochenenden Vorrang einräumen. Forschungsergebnisse wiesen nach, dass Schlafentzug unsere Aufmerksamkeitsspanne, Wachsamkeit und Reaktionszeit beeinträchtigt, was eindeutig Dinge sind, die Sie für einen produktiven Arbeitstag benötigen. Das Gute daran ist, dass schon eine einzige Nacht, in der Sie ausreichend schlafen, Ihre kognitiven Funktionen wieder auf den normalen Stand bringt. Diese Erholungsphasen sind kein idealer Ersatz für einen konsequenten Schlafrhythmus über die ganze Woche hinweg, doch sie funktionieren trotzdem, solange sie einigermaßen regelmäßig sind – zum Beispiel jedes Wochenende für mindestens neun oder zehn Stunden.

Studien bewiesen zudem, wie Erinnerungen, die mit einer Belohnung verknüpft werden, ebenfalls durch Schlaf verbessert werden können. Schlaf hilft Ihnen dabei, Erinnerungen fester in Ihrem Gehirn zu verankern und trägt ebenfalls dazu bei, die Erinnerungen auszuwählen und zu behalten, die einen Belohnungswert haben, weil Belohnungen wie ein geistiges Siegel wirken, das Informationen in Ihrem Gedächtnis verankert, während Sie sie lernen. Während der Schlafphasen werden die Informationen in unserem Gehirn verfestigt. Das bedeutet, dass ein kurzes Nickerchen während einer Lernphase Sie darin unterstützen kann, neue Fakten und Fähigkeiten in Ihrem Gedächtnis zu verankern. Mit anderen Worten: Ein kurzes Nickerchen nach einer Lernphase ist vorteilhaft für Ihr Langzeitgedächtnis.

Probieren Sie mnemotechnische Hilfsmittel aus

Unser Gedächtnis unterteilt sich in das sensorische Gedächtnis, das Kurzzeitgedächtnis und das Langzeitgedächtnis. Das sensorische Gedächtnis ist das Gedächtnis, das anspringt, wenn unsere Sinne uns dabei helfen, Informationen zu empfangen, zu speichern und abzurufen. Das Kurzzeitgedächtnis ist das Gedächtnis, das wir nutzen, wenn wir uns daran erinnern, was wir kürzlich gesehen oder gehört haben. Zum Beispiel können Sie sich mithilfe des Kurzzeitgedächtnisses an eine Telefonnummer erinnern, die Sie gerade nachgeschlagen haben, oder an den Namen einer Person, die Sie gerade kennengelernt haben. Das Langzeitgedächtnis hingegen nutzen wir dann, wenn wir Kurzzeit-Erinnerungen in unser tieferes, dauerhafteres Gedächtnis übertragen. Das Langzeitgedächtnis hat theoretisch uneingeschränkte Kapazitäten. Informationen gelangen in das Langzeitgedächtnis durch Wiederholung oder Visualisierung von Informationen, sodass Sie diese später wieder abrufen können, ähnlich wie in einem Aktenschrank. Wir brauchen oftmals Stichwörter, die uns dabei helfen, Informationen aus dem Langzeitgedächtnis abzurufen. An dieser Stelle kommen Mnemotechniken ins Spiel.

Bei Mnemotechniken handelt es sich um Techniken, die wir verwenden können, um unsere Fähigkeit, uns Dinge zu merken, zu verbessern. Diese Techniken sind im Grunde genommen Gedächtnishilfen, die Ihrem Gehirn dabei helfen, wichtige Informationen besser aufzunehmen und abzurufen. Mnemotechniken sind also einfache Abkürzungen, die es uns ermöglichen, die Informationen, die wir uns merken wollen, mit einem Bild, einem Satz oder einem Wort zu verbinden. Betrachten Sie Mnemotechniken als eine Möglichkeit, Ihr Gehirn bei Aufgaben zu unterstützen, die es ohnehin erledigen kann. Oft befindet sich die gewünschte Information irgendwo in Ihrem Gehirn, und alles, was Sie brauchen, ist ein Werkzeug, das Ihnen hilft, diese Information schneller aufzurufen, wenn es darauf ankommt. Mit zunehmendem Alter nimmt die Gedächtnisfunktion ab. Dies führt zu einer Verlangsamung des Denkens, einer verminderten Konzentrationsfähigkeit, einer langsameren Gedächtnisverarbeitung sowie einem höheren Bedarf an mehr Gedächtnisstützen. In diesen Fällen können auch Mnemotechniken verwendet werden, um Ihr Gedächtnis auf Trab zu halten. In jedem Fall erleichtern es uns diese Gedächtnistechniken, uns an Fakten zu erinnern. Zudem können sie bei fast jedem Themengebiet angewendet werden.

Mnemotechniken dienen dazu, Informationen zu vereinfachen, zusammenzufassen und zu komprimieren, um sie leichter lernen zu können. Das kann besonders praktisch für Studenten im Medizin- oder Jurastudium sein oder für Leute, die eine Fremdsprache lernen. Grundsätzlich gilt: Wenn Sie sich große Mengen an neuen Informationen merken und speichern müssen, können Sie Eselsbrücken verwenden, und Sie werden feststellen, dass Sie sich noch lange nach der Prüfung an die Informationen erinnern. Im Folgenden finden Sie eine Liste der beliebtesten Eselsbrücken, die Sie verwenden können:

Die Loci-Methode

Loci ist der Plural von „locus", was „Ort" bedeutet. Im antiken Griechenland benutzte man diese Gedächtnisstütze, um sich leichter etwas zu merken. Die Loci-Methode beinhaltet die mentale Strategie, sich selbst in einem Ihnen vertrauten Raum vorzustellen und sich dann Gegenstände im Raum zu merken, z. B. die Couch, die Lampe, die Klavierbank, das Fotoalbum usw. Dann ordnen Sie die Gegenstände, die Sie mental im Raum platzieren, den Informationen zu, die Sie zu lernen versuchen, z.B. eine Liste von Dingen, die Sie sich in einer bestimmten Reihenfolge merken müssen. Nun können Sie sich vorstellen, wie Sie durch den Raum gehen und jeden Gegenstand, den Sie dort platziert haben, aufheben oder daran vorbeigehen und so den Abruf dieser Informationen auslösen. Die Loci-Methode hat sich als eine sehr effektive Methode zum Lernen erwiesen. Untersuchungen zeigten, dass die Loci-Methode zu einer signifikanten Verbesserung der Fähigkeit führt, sich an Informationen zu erinnern, und zwar in vielen Fällen, von College-Studenten bis hin zu Erwachsenen. Einige Forschungsergebnisse kamen ebenfalls zu dem Schluss, dass die Nutzung von mnemotechnischen Techniken wie der Loci-Methode die Fähigkeit zum Lernen und Erinnern von Informationen bei Menschen mit leichten Formen kognitiver Beeinträchtigung effektiv verbessert. Dies liegt wahrscheinlich daran, dass die Loci-Methode elaboratives Üben verwendet, bei dem es darum geht, Informationen zu verändern, indem man ihnen Bedeutung hinzufügt und sie aktiv nutzt, anstatt nur eine statische Liste von Dingen auswendig zu lernen und sie zu wiederholen.

Akronyme und Akrosticha

Akronyme sind typischerweise die bekannteste Art von mnemotechnischen Strategien, die Sie höchstwahrscheinlich bereits ziemlich gut kennen. Akronyme nutzen eine einfache Formel aus einem Buchstaben, die ein Wort oder eine Wortkombination repräsentiert, an die Sie sich erinnern müssen. Denken Sie an die NBA, die für die National Basketball Association steht. Während ein Akronym ein Wort ist, das aus den ersten Buchstaben oder Buchstabengruppen eines Namens oder einer Phrase gebildet wird, ist ein Akrostichon eine Reihe von Zeilen, aus denen bestimmte Buchstaben (z. B. die ersten Buchstaben aller Zeilen) ein Wort oder eine Phrase bilden. Diese können dann als Gedächtnisstütze verwendet werden, indem man die ersten Buchstaben von Wörtern oder Namen nimmt, die man sich merken muss, und daraus ein Akronym oder Akrostichon entwickelt. Nehmen Sie zum Beispiel den Musikunterricht: Wenn Sie sich die Reihenfolge der Noten merken müssen, damit Sie beim Notenlesen die richtige identifizieren und spielen können, können Sie sich die Noten des Violinschlüssels als EGHDF merken. Ein Akrostichon, um dies zu lernen, ist „Eine Gans Hat Dünne Füße". Die Noten des Bass-Notensystems lauten GHDFA, was z. B. mit dem Akrostichon „Gustav Hat Den Frack An" wiedergegeben wird. Ein häufig verwendetes Akrostichon im Mathematikunterricht ist „Please Excuse My Dear Aunt Sally", das die Reihenfolge der Operationen in der Algebra darstellt und im Englischen für parentheses, exponents, multiplication, division, addition und subtraction (Klammern, Exponenten, Multiplikation, Division, Addition und Subtraktion) steht.

Reime und Musik

Reimwörter können als Gedächtnisstütze verwendet werden, um uns beim Lernen und Abrufen von Informationen zu helfen. Ein Reim ist ein Spruch, der am Ende jeder Zeile einen ähnlichen Endlaut hat. Reime sind leichter zu merken, weil sie durch akustische Kodierung in unserem Gehirn gespeichert werden können. Zum Beispiel: „1-4-9-2 Amerika schlüpft aus dem Ei". Die Fähigkeit, sich diese Art von Phrasen einzuprägen und zu merken, ist zum Teil auf die Wiederholung und zum Teil auf die Reime zurückzuführen. Denken Sie an Kinderreime, mit denen Sie aufgewachsen sind. Sie können Wörter umstellen oder durch ein anderes Wort mit derselben Bedeutung ersetzen, damit sie sich reimen. Sie können auch Musik verwenden, um die Informationen in Ihrem Gehirn zu kodieren. Erinnern Sie sich an das ABC-Lied, das Sie als Kind gelernt haben? Es ist erwiesen, dass Musik langfristig bei in unserem Gedächtnis hängen bleibt. Wenn Sie im Internet eine entsprechende Suche durchführen, dann werden Sie dort eine Menge Lieder finden, die Ihnen dabei helfen, bestimmte Informationen zu lernen – von den Hauptstädten der verschiedenen Staaten bis zu den Ländern Afrikas und vieles mehr!

Informationen aufteilen und organisieren

Das Zerlegen von Informationen (Chunking) ist eine mnemotechnische Strategie, bei der Informationen in leichter zu lernende Gruppen, Sätze, Wörter oder Zahlen unterteilt werden. Einfacher ausgedrückt: Es ist eine Methode, um größere Informationsblöcke in kleinere, geordnete Stücke aufzuteilen, die leichter zu handhaben sind. In den Vereinigten Staaten machen wir dies mit unseren Telefonnummern, sodass wir sie uns leichter merken können. Wenn Sie sich eine Telefonnummer mit langen Ziffern merken müssen, z. B. 123456789101112, dann würde es uns wahrscheinlich einige Mühe kosten, uns diese Nummer einzuprägen. Wenn wir sie jedoch in besser verdauliche Stücke zerlegen, wie z. B. 12345 6789 101112, können wir sie leichter abrufen. Die Zerlege-Methode wurde auch als Mittel zur Verbesserung des verbalen Gedächtnisses bei Menschen mit frühen Stadien der Alzheimer-Krankheit untersucht.

In ähnlicher Weise hilft uns das Zerlegen von Informationen in objektive oder subjektive Kategorien beim Auswendiglernen. Objektive Organisation bedeutet, dass Sie Informationen in gut erkannte, logische Kategorien einordnen. Zum Beispiel sind Bäume und Gras Pflanzen, und eine Grille ist ein Insekt. Subjektive Organisation hingegen bedeutet, dass Sie scheinbar unzusammenhängende Dinge so kategorisieren, dass Sie sich später an die Dinge erinnern können, indem Sie ihnen eine Bedeutung zuschreiben, z. B. Bäume, Gras und Grillen als typische Dinge, die man in einem Park findet. Diese Methode kann ebenfalls sehr nützlich sein, weil sie die Menge der zu lernenden Informationen reduziert. Wenn Sie eine Liste von Gegenständen in eine geringere Anzahl von Kategorien unterteilen können, müssen Sie sich nur noch die Kategorien merken, die dann in der Zukunft als Gedächtnisstützen dienen. Ein Beispiel hierfür ist die Verknüpfung des Fahrradfahrens mit dem Erlernen des Autofahrens.

Schlüsselwörter

Wenn Sie eine zweite – oder sogar dritte oder vierte – Sprache lernen, dann wird die Verwendung der Schlüsselwort-Mnemonik-Methode Ihre Lern- und Erinnerungsleistung erheblich verbessern. Eine Schlüsselwort-Mnemonik ist eine elaborative Wiederholungsstrategie, die Ihnen dabei hilft, Informationen effektiver zu kodieren, weil sie dem Inhalt, den Sie sich zu merken versuchen, eine Bedeutung zuschreibt. Eine Schlüsselwort-Mnemonik umfasst zwei Schritte: Zuerst müssen Sie ein Schlüsselwort wählen, das ähnlich klingt wie das Wort, das Sie zu lernen versuchen, dann bilden Sie ein geistiges Abbild dieses Schlüsselworts, das irgendwie mit der neuen Information verbunden ist. Studien konnten zeigen, dass Visualisierung und Assoziation den Abruf des richtigen Wortes auslösen. Nehmen wir an, Sie lernen Französisch und wollen sich das Wort „parler" einprägen, was „sprechen" bedeutet. Jedes Mal, wenn Sie an dieses Wort denken, assoziieren Sie es mit einer Perle, die aus Ihrem Mund kommt. Indem Sie das Wort auf diese Weise visualisieren, werden Sie, wenn Sie „parler" sehen, an die Perle in Ihrem Mund denken und sich daran erinnern, was es auf Deutsch bedeutet.

Verknüpfen und verbinden

Die Verknüpfungsmethode als Mnemotechnik besteht darin, eine Geschichte oder ein Bild zu entwickeln, das Informationen miteinander verknüpft, die Sie sich merken müssen. Jedes Element führt Sie dazu, das nächste Element abzurufen. Wenn Sie z. B. wissen, dass Sie jeden Tag Ihre Brille, Ihre Schlüssel, Ihr Notebook, Ihr Mittagessen und Ihre Brieftasche mit zur Arbeit nehmen müssen, können Sie sich eine kurze Geschichte ausdenken, die Ihnen hilft, sich alles zu merken. Jills Notebook braucht spezielle Schlüssel, damit sie ihre Brille öffnen kann, die sie braucht, um ihre hungrige Brieftasche zu sehen, in der sich ihr Mittagessen befindet. Wenn Sie der Geschichte eine Prise Humor hinzufügen, fällt es Ihnen noch leichter, sich an diese Art von Informationen zu erinnern. Eine ähnliche Strategie besteht darin, sinnvolle Verbindungen mit Dingen herzustellen, mit denen Sie bereits vertraut sind oder die Sie kennen. Das Herstellen dieser Art von Verbindung ist eine weitere Art des elaborativen Übens, das ich oben erwähnt habe. Ein Beispiel hierfür ist, wenn Sie einen Mann namens Ned kennenlernen und Ihnen auffällt, dass er ungewöhnlich freundlich ist. Um Ihnen zu helfen, sich an seinen Namen zu erinnern, können Sie an ihn als den „netten Ned" oder „nachbarschaftlichen Ned" denken, so dass Sie sich das nächste Mal, wenn Sie ihn sehen, leichter an seinen Namen erinnern.

Je mehr Sie neue Konzepte mit Ideen in Verbindung bringen können, die Sie bereits verstehen, desto schneller werden Sie die neuen Informationen lernen. Das Gedächtnis spielt eine zentrale Rolle bei der Ausführung komplexer kognitiver Aufgaben wie der Anwendung von Wissen auf Probleme, die wir noch nicht kennen, und dem Ableiten von Schlussfolgerungen aus Fakten, die wir bereits kennen. Indem Sie Möglichkeiten finden, um neue Informationen mit bereits vorhandenem Wissen in Einklang zu bringen, werden Sie zusätzliche Bedeutungsebenen in dem neuen Lernstoff finden. Dies wird Ihnen dabei helfen, die neuen Lerninhalte grundsätzlich besser zu verstehen, und Sie werden sich besser daran erinnern können. Wenn Sie neue Dinge mit alten Dingen verknüpfen, geben Sie sich selbst geistige Haken, an denen Sie neues Wissen aufhängen können.

Wie auch immer Sie vorgehen, wenn Sie Mnemotechniken verwenden, um Ihr Gedächtnis zu verbessern, denken Sie daran, dass Sie die Aspekte Vorstellungskraft, Assoziation und Ort einbeziehen sollten. Wenn Sie Bilder in Ihrem Kopf erzeugen, die fesselnd und anschaulich sind, werden Sie sich mit größerer Wahrscheinlichkeit an diese Informationen erinnern. Ebenso möchte Ihr Gehirn Ideen miteinander verknüpfen. Es sucht ständig nach Möglichkeiten, um Informationen miteinander zu verbinden. Verknüpfen Sie also, wenn möglich, verschiedene Konzepte miteinander, um sich an neue Informationen zu erinnern. Orte sind ebenfalls eine großartige Möglichkeit, um neue Informationen in Ihrem Gedächtnis zu verankern, weil Sie bereits so viel Wissen über die Orte haben, die Sie kennen.

Erinnern Sie sich an die Lerntechniken, die ich in früheren Kapiteln beschrieben habe und die Ihnen dabei helfen werden, Ihren Lernprozess zu beschleunigen und die Informationen länger zu behalten. Denken Sie daran, dass Bilder unseren Lernprozess so viel stärker aktivieren als verbale oder schriftliche Informationen. Wir sind großartig darin, Bilder zu erkennen, und können sehr einfach unsere eigenen Bilder erfinden, um unser Gedächtnis zu unterstützen. Wenn Sie sich an eine Aufgabe erinnern müssen, die Sie in der Zukunft zu erledigen haben, versuchen Sie, ein lebendiges geistiges Bild davon zu schaffen, wie es tatsächlich geschieht. Wenn Sie eine neue Person kennenlernen, verbringen Sie ein paar Sekunden damit, sich etwas über diese Person vorzustellen, das Ihnen eine visuelle Erinnerung an ihren Namen geben könnte. Was auch immer der Fall ist, das Zuordnen von Bildern und Bedeutungen wird von unschätzbarem Wert für Ihr Erinnerungsvermögen sein. Die Verwendung von mnemotechnischen Gedächtnisstrategien kann Ihrem Gedächtnis einen Schub verleihen und zudem Ihren Lernprozess effizient verbessern. Denken Sie daran, dass Sie möglicherweise einige dieser Strategien üben müssen, bevor sie funktionieren. Doch wenn Sie sie erst einmal verinnerlicht haben, werden sie sich Ihnen langfristig gesehen als sehr nützlich erweisen.

Erschaffen Sie Gedächtnispaläste

Ein Gedächtnispalast ist eine Weiterentwicklung der Loci-Methode. Bei dieser Gedächtnisstütze denken Sie an einen imaginären Ort in Ihrem Kopf, an dem Sie bestimmte, bedeutungsvolle Bilder speichern können. Die häufigste Art eines Gedächtnispalastes ist, wenn Sie eine Reise oder einen Weg durch einen Ort machen, den Sie gut kennen, wie ein Gebäude, eine Stadt oder eine Route. Entlang dieses Pfades gibt es bestimmte Orte, die Sie gewohnt sind, immer wieder zu besuchen, und die sich auch in der gleichen Reihenfolge befinden. Stellen Sie sich Ihren Gedächtnispalast als einen Ort vor, den Sie leicht visualisieren können, an dem Sie neue oder wichtige Informationen speichern. Sie werden eine Gedächtnisreise oder einen Pfad mit einer tatsächlichen Reise oder einem tatsächlichen Pfad assoziieren.

Wählen Sie zunächst einen Ort, den Sie sehr gut kennen, z. B. Ihr Zuhause oder Ihren Arbeitsplatz. Machen Sie sich mit diesem Ort nach Bedarf vertraut. Vielleicht müssen Sie mehrmals an ihm herumgehen, Fotos machen usw., damit Sie das Gefühl haben, ihn wirklich zu kennen. Versuchen Sie, sich den gesamten Ort vorzustellen. Er muss nicht unglaublich detailreich sein. Sie müssen lediglich in der Lage sein, sich zu orientieren und sich in Ihrem Kopf im Raum zu bewegen. Besuchen Sie den Ort so oft wie nötig, um dies auch geistig tun zu können. Sobald Sie das getan haben, können Sie beginnen, Ihre Route zu planen bzw. zu skizzieren. Sie sollte einen Startpunkt und einen Endpunkt haben, zum Beispiel der untere Teil der Treppe, der obere Teil der Treppe, der Schrank, der Flur, die Schuhe vor der Schlafzimmertür, das Badezimmer, die Dusche und so weiter, bis Sie einen logischen Endpunkt gefunden haben. Sie können Ihren Gedächtnispalast modifizieren, nachdem Sie ihn ein paar Mal getestet haben. Machen Sie sich also keine Sorgen, wenn Ihr Gedächtnispalast beim ersten Versuch nicht perfekt ist. Wenn Sie eine Menge zu lernen haben, werden Sie viele verschiedene Gedächtnispaläste erstellen.

Als Nächstes sollten Sie sich einen anderen Ort suchen, an dem Sie sich entspannen und den Ort, den Sie für Ihre Route gewählt haben, wirklich visualisieren können. Üben Sie, Ihre Route ein paar Mal abzufahren, zuerst vorwärts und dann rückwärts. Denken Sie daran, dass Sie jederzeit Änderungen daran vornehmen können, wenn Sie irgendwo Schwierigkeiten feststellen. Wenn Sie Ihre Route festgelegt haben, dann sollten Sie bestimmte Stationen (oder Loci) zuweisen, an denen Sie neue Informationen speichern werden. Jeder Locus sollte einzigartig sein und als separates Abbild dienen, das Sie nicht mit anderen Stationen entlang Ihrer Route verwechseln sollten. Gehen Sie entlang Ihrer Route zurück und stellen Sie sicher, dass die Orte, die Sie ausgewählt haben, eindeutig sind. Üben Sie auch hier, vorwärts und rückwärts zu gehen, damit Sie Ihre Route wirklich kennen.

Nachdem Sie nun Ihren Gedächtnispalast und Ihre Route vorbereitet und Ihre Stationen ausgewählt haben, beginnen Sie damit, neues Lernmaterial zuzuordnen. Nehmen Sie eine Liste mit Dingen, die Sie sich einprägen wollen, z. B. eine Einkaufsliste oder wichtige Vokabeln. Nehmen Sie jeweils einen oder zwei Punkte und platzieren Sie ein geistiges Abbild davon in jedem Locus Ihres Gedächtnispalastes. Versuchen Sie, immer nur ein paar Abbilder auf einmal zu erstellen und zu üben, sodass Sie wirklich anfangen können, Ihre Liste mit Ihrer Route zu assoziieren. Sie können ebenfalls versuchen, die Bilder der Gegenstände zu übertreiben, damit sie wirklich mit dem Ort verbunden sind. Wenn zum Beispiel der erste Punkt auf Ihrer Liste, den Sie sich merken müssen, ein Apfel ist und der erste Ort in Ihrem Gedächtnispalast die Haustür, stellen Sie sich einen riesigen Apfel vor, der durch Ihre Haustür geht. Da wir Menschen visuelle Lerner sind, wird es Ihre Erinnerungsfähigkeit verbessern, wenn Sie Ihre mnemotechnischen Bilder mit all Ihren Sinnen zum Leben erwecken. Übertreibung der Bilder sowie Humor werden Ihnen stets dabei helfen, sich in der Zukunft an sie zu erinnern. Denken Sie daran, dass Sie diese Informationen auch mithilfe der „Spaced Repetition"-Methode in Ihr Langzeitgedächtnis integrieren können. Diese Methode, die auch als verteilte Lernpraxis bezeichnet wird, ist eine Lerntechnik, die Sie anwenden können, indem Sie immer größere Zeitabstände zwischen dem Wiederholen von neuem Material einplanen, um Ihre Erinnerungsfähigkeit zu stärken.

Eine solide Gedächtnispalast-Strategie ist zweifelsohne die effektivste Methode, um effizient zu lernen. Die Anwendung dieser Methode ist seit mehr als tausend Jahren belegt, und sie wurden höchstwahrscheinlich sogar schon zu Zeiten der Jäger und Sammler verwendet. Gedächtnispaläste werden von Gedächtnissportlern bei Gedächtniswettbewerben (bei denen Menschen Kunststücke wie das Auswendiglernen eines gemischten Kartenspiels usw. in nur wenigen Minuten vollbringen), aber auch bei Schulexamen sowie zum Lernen eingesetzt – sie ist sogar dazu geeignet, um ein ganzes Buch auswendig zu lernen. Die Gedächtnistechnik nutzt Ihr räumliches Gedächtnis und die räumliche Zuordnung frei. Je häufiger Sie Gedächtnispaläste erstellen und verwenden, desto häufiger werden mehrere Ebenen und Schichten Ihres Gedächtnisses freigeschaltet, die Sie nutzen können, um schneller zu lernen. Diese Gedächtnisebenen umfassen: autobiografisches Gedächtnis, episodisches Gedächtnis, semantisches Gedächtnis, prozedurales Gedächtnis, figuratives Gedächtnis und mehr. Jede dieser Ebenen wird durch diese Gedächtnisstrategie erschlossen, die darauf abzielt, Ihre Gedächtnisleistung beim Lernen zu verbessern. Mithilfe dieser Technik werden Sie also viel schneller und effektiver lernen können.

Zusammenfassung des Kapitels

Die Verbesserung Ihrer Gedächtnisleistung beginnt mit dem wichtigsten Element beim Erlernen einer neuen Fähigkeit: Schlaf. Schlaf fördert die Gedächtniskonsolidierung und verbessert unsere Fähigkeit, uns an die Dinge zu erinnern, die wir tagsüber gelernt haben. Schlaf kann unser Gedächtnis erheblich verbessern und ist daher als Lernmittel unersetzlich. Wenn Ihr aktueller Zeitplan es Ihnen nicht erlaubt, die empfohlenen sieben bis acht Stunden Schlaf pro Nacht zu erhalten, dann finden Sie eine Möglichkeit, in der Sie dem Schlaf Priorität einräumen können. Schlaf ist so wichtig!

Mnemotechniken sind einfache Hilfsmittel, die es uns ermöglichen, die Informationen, die wir uns merken wollen, mit einem Bild, einem Satz oder einem Wort zu assoziieren. Ein Gedächtnispalast ist eine spezielle Art davon. Hierbei stellen Sie sich einen imaginären Ort in Ihrem Kopf vor, in dem Sie bestimmte, aussagekräftige Bilder speichern, um sich besser an komplexe Konzepte erinnern zu können. Beide Hilfsmittel sind nützliche Gedächtnisstützen, die Sie verwenden können, um Ihre Gedächtnisleistung zu verbessern. Im nächsten Kapitel werde ich einen Überblick darüber geben, was Sie tun können, wenn Sie nicht umhinkommen, pauken zu müssen.

KAPITEL NEUN:

Wie Sie am besten pauken (wenn es sein muss)

Seien wir ehrlich, wir pauken nur, wenn wir bei unserem Lernprozess in Verzug geraten sind. Kognitionswissenschaftler führten zahlreiche Studien durch, die bewiesen, dass Pauken uns nicht dabei hilft, wenn wir uns Informationen langfristig aneignen wollen. Der Versuch, all diese neuen Informationen in unser Gehirn zu stopfen, nutzt (und überbeansprucht) unser Kurzzeitgedächtnis. Denken Sie daran, dass wir beim langfristigen Lernen unser Langzeitgedächtnis brauchen, um uns die wichtigsten Fakten ins Gedächtnis zu rufen und zu behalten.

Das Kurzzeitgedächtnis neigt dazu, schnell zu verblassen. Wenn wir diese Informationen also nicht rasch wiederverwenden, verschwinden sie innerhalb eines Zeitraums von wenigen Minuten bis zu ein paar Stunden. Beim Pauken können die neuen Informationen nicht vom Kurz- ins Langzeitgedächtnis übertragen werden, was für eine gute Langzeitleistung entscheidend ist. Denken Sie daran, dass die beste Lernmethode darin besteht, in Intervallen zu lernen, und dass es immer besser ist, frühzeitig anzufangen – sowohl zu Beginn des Lernens als auch früh am Tag. Studien zeigen, dass wir aufgrund unserer inneren Uhr dazu neigen, im Laufe des Tages sowie morgens bessere Leistungen zu erbringen als zu einem späteren Zeitpunkt am Tag. Frühes Lernen am Morgen ist in der Regel empfehlenswerter als spätes Lernen am Abend.

In der heutigen Zeit haben wir alle irgendwann einmal mit Schlafmangel zu kämpfen, egal ob gewollt oder ungewollt. Es gibt Tage, an denen die Verpflichtungen endlos erscheinen. Studien ergaben, dass es nicht förderlich für Ihre Lerngewohnheiten ist, wenn Sie nachts aufbleiben. Sie werden am nächsten Tag tatsächlich produktiver arbeiten, wenn Sie nachts gut und ausreichend geschlafen haben. Unser Gehirn ist nicht mehr so leistungsfähig, wenn es zu wenig Schlaf bekommt. Anstatt also die ganze Nacht aufzubleiben und nicht lange genug zu schlafen (Experten empfehlen sieben bis neun Stunden), ist es viel besser, sich auszuruhen und früh aufzustehen, als in letzter Minute zu lernen. Pauken führt im Allgemeinen dazu, dass wir uns überfordert fühlen, frustriert sind und uns Fragen stellen, die wir unter Druck normalerweise nicht beantworten können. Wo fangen Sie an? Wie fangen Sie an? Sie werden sich dadurch deutlich überforderter fühlen, als Sie es eigentlich müssten. Versuchen Sie also, Schlafmangel komplett zu vermeiden.

Trotzdem finden wir uns alle hin und wieder in einer Situation wieder, in der wir versuchen, schnell Informationen oder ein Projekt aufzuarbeiten – doch die Zeit läuft uns davon. Wenn das Undenkbare eintritt und Sie sich am Abend vor einer Prüfung oder einer großen Präsentation mit der Aussicht konfrontiert sehen, die ganze Nacht durcharbeiten zu müssen, gibt es ein paar Dinge, die Sie noch tun können, um Ihre Chancen auf eine gute Leistung zu steigern.

Zunächst einmal sollten Sie nicht in Panik geraten. Wenn Sie sich in einem Zustand hoher Anspannung befinden, wird Ihre Konzentrationsfähigkeit nachlassen. Versuchen Sie also in erster Linie, sich zu entspannen. Wenn es Ihnen hilft, versuchen Sie, zu meditieren oder einen kurzen Spaziergang zu machen, bevor Sie mit dem Pauken beginnen. Sobald Sie sich in einem positiven mentalen Zustand befinden, stellen Sie sicher, dass Sie all Ihre Notizen und Bücher griffbereit haben. Sie werden Ihre Bücher nur brauchen, um etwas nachzuschlagen. Im Allgemeinen sollten Sie Ihre Notizen verwenden, um sich an die wichtigsten Punkte zu halten, die Sie sich merken müssen. Halten Sie Ihren Bleistift oder Kugelschreiber, ein Notizbuch oder einen Notizblock und einige farbige Textmarker bereit, falls Sie diese benötigen sollten. Das Wichtigste: Schalten Sie Ihre sozialen Medien aus. Soziale Medien machen süchtig und dienen lediglich dazu, Sie abzulenken, wodurch Ihre Pauksitzung ineffektiv wird. Machen Sie eine Pause von Facebook, stellen Sie Ihr Telefon auf stumm, schalten Sie den Fernseher aus und machen Sie sich bereit, sich zu konzentrieren. Sie werden Ihre ganze Energie auf die Inhalte richten müssen, die Sie in letzter Minute zu lernen versuchen.

Arbeiten Sie nun daran, Ihr Lernmaterial in besser verständliche Einheiten aufzuteilen. Wenn Sie eine Prüfung vor sich haben, die nur auf einem Buch basiert, und Sie das ganze Semester über faul waren und die zugewiesene Lektüre nicht durchgearbeitet haben, dann konzentrieren Sie sich auf die Dinge, die Sie wirklich wissen müssen. Schauen Sie sich die Kapitel an und merken Sie sich drei Punkte pro Kapitel. Im Wesentlichen konzentrieren Sie sich dabei auf die elementaren Inhalte sowie die wichtigsten Details. Da Sie jetzt offiziell pauken, hat Ihr Lernerfolg eine begrenzte „Haltbarkeit". Sie sollten sich an die Grundlagen halten und die wichtigsten Ideen herausarbeiten, denn das sind die Punkte, die wahrscheinlich am ehesten in der Prüfung drankommen werden. Sie haben nur begrenzte Energie, also sollten Sie Ihre Aufmerksamkeit auf die wichtigsten Überschriften, Daten, Abschnitte, Vokabeln, Themen, Motive und so weiter lenken. Filtern Sie den ganzen Rest heraus.

Sie können einen Studienleitfaden als Grundlage für Ihre Büffeleinheit verwenden. Noch besser ist allerdings, wenn Sie sich selbst einen erstellen, sollten Sie keinen haben. Auf diese Weise können Sie die Materialien, die Sie haben, nach Informationen filtern, auf die Sie sich konzentrieren können. Dieser Leitfaden muss nicht ordentlich oder perfekt sein. Schreiben Sie die Informationen auf, lesen Sie sie laut vor und überarbeiten Sie sie, wo es Sinn macht. Sie können sogar eine andere Person bitten, Ihnen Feedback dazu zu geben, oder Ihren Leitfaden als Anleitung für eine Lerngruppe verwenden. Wenn Sie das Material anderen beibringen, können Sie die Informationen besser behalten.

Beim Pauken geht es darum, einen guten Rhythmus zu finden. Wenn es Ihnen also hilft, stellen Sie sich einen Timer, um die Arbeit in Abschnitte aufzuteilen. Die Verwendung eines Timers hilft Ihnen dabei, einen guten Lernrhythmus zu finden. Wenn Sie acht Stunden am Stück lernen, ist es wahrscheinlicher, dass Sie während des Tests einschlafen, als dass Sie ihn mit Bravour bestehen. Ich empfehle eine Aufteilung von fünf zu eins. Für jeweils fünf Teile des Lernens gönnen Sie sich einen Teil Entspannung. Wenn Sie zum Beispiel fünfzig Minuten lang lernen, dann machen Sie eine zehnminütige Pause, um Fußball zu spielen, Musik zu hören, einen Snack zu essen oder etwas Ähnliches. Was Sie tun, liegt ganz bei Ihnen. Gönnen Sie sich einfach eine schöne Pause – und machen Sie dann wieder weiter.

Wenn Sie sich jemals Sorgen gemacht haben, dass all die Informationen, die Sie während des Lernens in sich hineingestopft haben, nicht in Ihrem Gedächtnis bleiben könnten, so legen Untersuchungen nahe, dass kurze körperliche Bewegungen tatsächlich dabei helfen können, einige dieser Informationen in Ihrem Gedächtnis zu verankern. Eine Studie fand heraus, dass Studenten, die nach einer Lernphase (einschließlich des Paukens für eine Prüfung) moderaten Sport trieben – z. B. Laufen –, tatsächlich bessere Leistungen erbrachten, als wenn sie nur paukten.

Die aktive Natur des Trainings trägt dazu bei, dass das Gehirn neue Informationen behält und bei Bedarf wieder abruft, während dies bei einer passiven Aktivität wie dem Spielen eines Computerspiels nicht der Fall ist. Das Stresshormon Cortisol ist dafür bekannt, einen Einfluss auf unsere Gedächtnisleistung zu haben. Unter bestimmten Umständen kann Cortisol uns dabei helfen, uns an Dinge zu erinnern, und unter anderen Umständen beeinträchtigt es unser Gedächtnis. Es gibt zwei Arten von Stress in diesem Sinne, psychologischen und physischen Stress. Forscher glauben, dass durch körperliche Aktivität wie Laufen chemische Stoffe freigesetzt werden, die wiederum die Gedächtnisleistung verbessern. Forscher empfehlen auch, laut zu sprechen, während Sie pauken, sodass Sie Ihr auditives Gedächtnis einbeziehen, während Sie wichtige Inhalte erneut lernen (oder einfach nur lernen). Machen Sie Handbewegungen, benutzen Sie lustige Stimmen, laufen Sie in Ihrer Wohnung herum – tun Sie, was immer nötig ist, um sich in einem aktiven Lernzustand zu halten.

Wenn Sie für Ihre Prüfung, Präsentation oder was auch immer pauken, sollten Sie sich eine bestimmte Uhrzeit für das Ende setzen, damit Sie die Motivation haben, Ihre Paukerei zu beenden. Zudem sollten Sie irgendwann einmal dem Schlaf den Vorrang geben. Wenn Sie zusätzliche Motivation benötigen, können Sie sich am Ende dieser Zeitspanne auch eine Belohnung gönnen. Vielleicht ist es Ihr Lieblings-Sushi, Eiscreme, Schokolade oder ein Glas Wein. Das Wichtigste ist, dass Sie diese Belohnung erst dann erhalten, wenn Sie mit dem Lernen fertig sind. Fristen und Belohnungen werden Ihnen helfen, am Ball zu bleiben. Wenn Sie eine strenge Diät machen, nehmen Sie stattdessen Karotten und Hummus zu sich. Was auch immer Sie tun müssen: Setzen Sie sich eine Art persönliches Ziel, das Ihnen dabei hilft, vorwärts zu kommen, ohne zu stagnieren oder sich zu verzetteln.

Zusammenfassung des Kapitels

Pauken führt dazu, dass wir uns überfordert und frustriert fühlen, und ist daher im Allgemeinen nicht zu empfehlen. Es gibt jedoch ein paar Dinge, die Sie tun können, wenn Sie sich in dieser Lage befinden, und dazu gehört, dass Sie Ihr Lernmaterial in besser verdauliche Stücke zerlegen. Konzentrieren Sie sich nur auf die Dinge, die Sie wirklich wissen müssen. Schauen Sie sich die wichtigsten Kapitel, Überschriften oder Notizen an und merken Sie sich die wichtigsten Konzepte, Ideen und kritischen Details. Halten Sie sich an die Grundlagen. Bewegung hilft Ihrem Gehirn außerdem dabei, die neuen Informationen zu behalten und sich leichter an sie zu erinnern. Gehen Sie also zwischen den Lerneinheiten joggen. Zu guter Letzt, und das ist das Wichtigste – achten Sie auf ausreichend Schlaf. Genügend Schlaf zu erhalten, ist das Beste, was Sie für Ihre Leistungsfähigkeit tun können. Im letzten

Kapitel werde ich Ihnen nützliche Tipps und Hinweise geben, wie Sie Ihr Gehirn trainieren können, um konzentriert zu bleiben.

KAPITEL ZEHN:

Trainieren Sie Ihr Gehirn dazu, konzentriert zu bleiben

Wenn es Ihnen geht wie mir, erleben Sie auch Tage, an denen Sie das Gefühl haben, dass alles auf einmal passiert. Es ist so, als könnten Sie nicht klar denken oder auch nur anfangen, einen Plan zu machen, weil alles ständig auf Sie einprasselt. Ihre To-do-Liste scheint endlos zu sein. In solchen Zeiten ist es umso wichtiger für Sie, sich zu organisieren und zu entschleunigen. Wenn Sie diesen beiden Aspekten Vorrang vor Ihrer To-do-Liste einräumen, wird es Ihnen leichter fallen, am Ball zu bleiben, und auf lange Sicht werden Sie Ihre Aufgaben tatsächlich schneller abarbeiten können. Produktive Menschen verbringen oft jeden Morgen ein paar Minuten damit, ihren Tag zu organisieren. Sie schauen in ihren Kalender, erstellen eine Prioritätenliste, setzen sich selbst Erinnerungen für den Tag und so weiter. In vielen Fällen steigern jene Menschen ihre Produktivität auch dadurch, dass sie der Versuchung widerstehen, ständig für andere erreichbar zu sein. Wie können Sie produktiver werden? Ich habe drei wichtige Empfehlungen für Sie, die ich im Folgenden detailliert beschreibe. Diese werden Ihnen dabei helfen, Ihr Gehirn zu trainieren, um konzentriert zu bleiben.

Hüten Sie sich vor digitalen Ablenkungen

In der heutigen Welt werden wir zunehmend mit Ablenkungen bombardiert, während wir arbeiten. Verschiedene Studien zeigten, dass es mehr als zwanzig Minuten dauern kann, bis wir unsere Aufmerksamkeit wieder vollständig auf eine unterbrochene Aufgabe richten können. Ständige Telefonanrufe, eingehende E-Mails und Kollegen, die uns nur „schnell etwas fragen wollen", können unsere Gedankengänge und Arbeitsabläufe erheblich stören. Produktive Menschen legen bestimmte Zeiten für die Beantwortung von E-Mails oder Anrufen und SMS fest, um Ihre Effizienz zu steigern. Diese Vorgehensweise mag für Kollegen oder Kunden eine gewisse Umstellung erfordern, doch mithilfe einer guten Kommunikation ist dies möglich.

Das Internet selbst stellte Menschen, die etwas Neues lernen möchten, eine Reihe von hilfreichen Suchwerkzeugen zur Verfügung, die uns viel Positives in Bezug auf das Lernen und Recherchieren bieten. Studien wiesen jedoch nach, dass Lehrer besorgt sind, dass diese Art von Technologien Schüler hervorbringen, die sich leichter ablenken lassen und eine kürzere Aufmerksamkeitsspanne haben. Einige Lehrer glauben sogar, dass diese Technologien die Schüler mehr ablenken, als dass sie ihnen in der Schule helfen. Sie sind also der Meinung, das Negative würde das Positive überwiegen. Für viele Studenten gelten „Recherchieren" und „Googlen" heute als Synonyme. Für diese Studenten verschob sich der Prozess des Recherchierens von einer relativ langsamen Methode der intellektuellen Neugier und Entdeckung zu einer viel schnelleren, kurzfristigen Vorgehensweise mit dem Endziel, gerade genug Informationen zu finden, um eine Aufgabe zu erledigen. Einige Lehrer berichteten, dass sie insbesondere besorgt sind, dass ihre Schüler zu sehr von Suchmaschinen abhängig würden und Schwierigkeiten damit bekämen, die Qualität der von ihnen entdeckten Quellen zu bestimmen, was sich auf die Lese- und Schreibfähigkeit auswirkt und nachhaltige Folgen für die Aufmerksamkeitsspanne, die Entwicklung des Zeitmanagements und die Fähigkeit zum kritischen Denken hat. Viele Lehrer berichteten auch, dass es ihren Schülern, obwohl sie im digitalen Zeitalter aufgewachsen sind, überraschenderweise an Fähigkeiten bei der Online-Suche mangelt, z. B. an Geduld und Entschlossenheit bei der Suche nach schwer zu findenden Informationen.

Die Auswirkungen, wenn man sich auf digitales Lernmaterial verlässt, sind für jüngere Lernende gravierender als für erwachsene Schüler, und dennoch ist es wichtig, sie zu beachten. Unabhängig vom Alter kann ein übermäßiger Umgang mit neuen Technologien zu Konzentrationsmangel sowie einer verminderten Fähigkeit, Wissen zu behalten, führen. Für erwachsene Schüler sollten diese Erkenntnisse in erster Linie als Warnung dienen, sich nicht zu sehr in die digitale Welt zu stürzen bei dem Versuch, etwas Neues zu lernen. Weil das Internet und verwandte Technologien so unmittelbar sind, arbeiten sie entgegen unserer Aufmerksamkeitskontrolle. Aufmerksamkeitskontrolle ist unsere geistige Quelle der Aufmerksamkeit. Sie hilft uns dabei, das Bewusstsein (bzw. die Wachsamkeit) aufrechtzuerhalten, Informationen aus dem sensorischen Input zu verarbeiten und zu ordnen und Unstimmigkeiten oder Konflikte in unserem Lernprozess zu lösen. Die Auswirkungen von Angst auf die Aufmerksamkeitskontrolle sind der Schlüssel zum Verständnis der Beziehung zwischen Angst und Leistung. Im Allgemeinen belegten Studien, dass Angst unsere Aufmerksamkeitskontrolle bei einer bestimmten Aufgabe hemmt, indem sie unsere Verarbeitungseffizienz beeinträchtigt. Digitale Ablenkungen funktionieren in ähnlicher Weise.

Wenn Sie sich fragen, was das mit Ihrem Lernverhalten zu tun hat, lautet die Antwort: alles. Wie gut Ihr Gehirn fokussiert und bei der Sache bleiben kann, bestimmt letztendlich, wie gut Sie etwas Neues lernen werden. Nur wenn Sie in der Lage sind, sich voll zu konzentrieren, können Sie sich Ihrem Lernvorhaben widmen. Sie werden feststellen, dass Sie Informationen viel leichter behalten können, wenn Ihr Gehirn nicht ständig abgelenkt wird. Einen klaren Kopf zu haben, wird einen großen Unterschied ausmachen. Sie werden die Zeitabschnitte, die Sie für das Lernen reservieren, als etwas ansehen müssen, das Ihnen heilig ist (abgesehen von Notfällen natürlich). Sie müssen irgendwann Zeitabschnitte in Ihrem Tagesablauf reservieren, in der Sie sich ausschließlich dem Lernen widmen. Sie müssen sich wirklich dazu zwingen, dies durchzuziehen, weil wir Menschen dazu neigen, uns leicht ablenken zu lassen.

Es kann schwierig sein, herauszufinden, wo man anfangen soll, wenn man mit dem Lernen beginnt. Je nachdem, was Sie lernen möchten, ist Vorablesen eine gute Methode, um Ihr Gehirn auf den bevorstehenden Lernprozess vorzubereiten. Ich finde, dass Vorablesen eine großartige Möglichkeit ist, um Ihr Gehirn an neue Informationen heranzuführen und das Interesse an dem Thema zu wecken. Unter Vorablesen versteht man das Überfliegen eines Textes, um die wichtigsten Ideen zu finden, bevor Sie einen Text oder ein Kapitel eines Textes sorgfältig von Anfang bis Ende lesen. Hierbei handelt es sich um eine Art inspizierendes Lesen, bei dem Sie bestimmte Anhaltspunkte wie das Inhaltsverzeichnis oder die Kapitelüberschriften als Basis nehmen. Dadurch erhalten Sie einen Überblick über das Thema, der Ihre Lesegeschwindigkeit und Effizienz erhöht. Generell sollten Sie eine aktive Rolle beim Lesen einnehmen, um sich die Informationen leichter zu merken. Denken Sie beim Lesen nach. Achten Sie auf Titel, Untertitel, Kapitelanfänge, Einleitungen, Kapitelzusammenfassungen, Überschriften, Lernfragen und Schlussfolgerungen. Schauen Sie vielleicht sogar im Index nach, wenn das Buch einen hat, um nachzusehen, welche Themenbereiche behandelt werden, oder lesen Sie den Klappentext des Herausgebers.

Das Vorablesen hilft Ihnen dabei, das große Ganze sowie den Gesamtzweck der Lektüre zu erkennen, sodass Sie Ihre Aufmerksamkeit auf die grundlegenden Konzepte richten können. Auf diese Weise wird Ihre Fähigkeit, das zu lernende Material zu verstehen, tatsächlich gesteigert. In vielen Fällen können schon ein paar Minuten Vorablesen helfen, Ihr Gesamtverständnis sowie Ihre Merkfähigkeit zu verbessern. Stellen Sie sich vor: Wenn Sie Ihr Verständnis für das große Ganze bereits aufgebaut haben, bevor Sie überhaupt anfangen, den Text zu lesen, haben Sie bereits ein konzeptionelles Gerüst geschaffen. Wenn Sie beim Lesen auf ein neues Detail oder ein neues Indiz stoßen, wird Ihr Gehirn schneller wissen, was damit zu tun ist und wie Sie es einordnen können.

Fragen Sie sich beim Vorablesen: Welche Art von Hinweisen gibt mir der Text für meinen zukünftigen Lernprozess? Wie kann ich das, was ich bereits weiß, auf das anwenden, was ich hier lernen werde? Was bezweckt der Autor damit, mir bestimmte Dinge zu sagen? Wenn Sie sich diese Art von Fragen während des Lernens stellen, können Sie den Lernzweck schneller erkennen und erreichen. Wenn Sie aus irgendeinem Grund wenig Zeit haben – z. B. wenn Sie für eine bevorstehende Prüfung oder ein Examen pauken – dann können Sie den ersten und den letzten Absatz jedes Kapitels (oder nur die Einleitung und den Schluss oder die Kapitelzusammenfassungen) priorisieren, während Sie jede Kapitelüberschrift im Auge behalten. Diese Methode sollte kein Ersatz für das tatsächliche Lesen des Materials darstellen (was Sie zu einem späteren Zeitpunkt tun sollten), aber sie hilft Ihnen dabei, einen schnellen Überblick über die relevantesten Themen und Konzepte aus dem Text zu erhalten. Wenn Sie mit dem Vorablesen noch einen Schritt weiter gehen wollen, können Sie sich Ihren Voran-Lernleitfaden per E-Mail zuschicken und ihn mit Ihren Notizen vergleichen, sobald Sie den Text tatsächlich gelesen haben. E-Mails tragen tatsächlich dazu bei, Ihre Aufmerksamkeit besser zu trainieren, denn für jede nicht themenbezogene E-Mail, die Sie in Ihrem Posteingang vorfinden, können Sie Ihrem Gehirn dabei helfen, sich an Ihre früheren Lerninhalte zu erinnern, indem Sie sich selbst in regelmäßigen Abständen Zusammenfassungen Ihrer Notizen per E-Mail schicken. Allein der Akt, mehr Berührungspunkte mit den Informationen zu haben, ist hilfreich, weil Sie sie dann mit „frischen Augen" noch einmal durchlesen können.

Verschiedene Menschen lernen auf unterschiedliche Weise. Zum Beispiel können manche Menschen besser lernen und Informationen behalten, wenn sie Hintergrundmusik oder eine Art neutrales Geräusch hören. Sogar die allgemeine Hektik eines Gesprächs in einem Café oder einer belebten Einkaufsstraße kann manchen Menschen dabei helfen, ihren Fokus auf das Lernen zu richten. Andere Menschen bevorzugen absolute Stille und Ruhe. Für beide Kategorien von Lernenden können Kopfhörer nützlich sein, um entweder Geräusche zu erzeugen oder um diese und andere Ablenkungen auszublenden. Dies ist etwas, das Sie für sich selbst herausfinden müssen. Was das Hören von Musik während des Lernens angeht, so legen Untersuchungen nahe, dass der Musikstil vom Inhalt des Lernens abhängt. Es hat sich gezeigt, dass Musik (vor allem klassische Musik), wenn sie leise im Hintergrund gespielt wird, geistige Impulse liefert, insbesondere bei Aufgaben, bei denen man keine große Menge an komplexen Lernmaterialien durcharbeiten muss. Aufgaben, bei denen Sie mehrere Informationen gleichzeitig im Auge behalten und verarbeiten müssen, stellen hohe Anforderungen an Ihr Gedächtnis und können daher Ihr Lernverhalten behindern. Ungeachtet dessen wurden positive Auswirkungen von Hintergrundmusik festgestellt und es kann sich durchaus lohnen, dies auszuprobieren, wenn Sie mit Konzentrationsproblemen zu kämpfen haben.

Eine weitere wichtige Entdeckung der Kognitionswissenschaftler ist die Tatsache, wie wichtig es ist, beim Lernen Wasser zu trinken. Eine angemessene Flüssigkeitszufuhr besitzt noch zahlreiche weitere Vorteile: Wasser ist gut für unsere Haut und unser Immunsystem und sorgt dafür, dass unser Körper optimal funktioniert. Interessanterweise ist eine ausreichende Flüssigkeitszufuhr auch entscheidend für die Verbesserung unserer kognitiven Fähigkeiten und kann uns tatsächlich schlauer machen. Eine wichtige Studie zeigte, dass Studenten, die Wasser mit in einen Prüfungsraum nahmen (und es auch tranken), bessere Leistungen erbrachten als Studenten, die dies nicht taten. Dehydrierung hingegen kann die Funktionsfähigkeit unseres Gehirns ernsthaft beeinträchtigen. Wenn Sie es versäumen, Wasser zu trinken, lassen Sie Ihr Gehirn im Grunde härter arbeiten als sonst, um die gleichen Aufgaben zu erledigen.

Verwenden Sie die Pomodoro-Technik

Ich habe die Pomodoro-Technik bereits in einem früheren Kapitel besprochen, aber im Kontext von Informationsüberlastung und Konzentration bekommt sie eine neue, verbesserte Bedeutung. Schüler können die Pomodoro-Technik verwenden, um sich während des Arbeitstages und über einen längeren Zeitraum hinweg zu konzentrieren. Dieser Prozess beinhaltet, dass bei der Arbeit an einer Aufgabe zeitlich begrenzte Pausen eingelegt werden und es zeitlich begrenzte Lerneinheiten gibt, sodass Sie Ihr Konzentrationsvermögen leichter wiederherstellen und Ihre Lernziele erreichen können. Diese Technik wird Ihnen ebenfalls dabei helfen, zu vermeiden, dass Sie beim Lernen überfordert sind oder sich ablenken lassen. Besonders, wenn Sie gestresst oder ängstlich sind, ist Ihr Gehirn nicht in der Lage, neue Informationen effektiv zu speichern und zu verarbeiten. Der beste Weg, um diese Art von Gehirnermüdung während des Lernprozesses zu verhindern, besteht darin, Ihrem Gehirn eine Pause zu gönnen. Diese Pause gleicht einem Ruhezustand, in dem Sie Ihre Aufmerksamkeit umleiten und sich für kurze Zeit einer neuen Aktivität zuwenden. Selbst eine fünfminütige Pause kann die Ermüdung des Gehirns lindern, sodass Sie später wieder Ihre volle Aufmerksamkeit dem Lernen widmen können.

Menschen in verschiedenen Disziplinen nutzen diese Technik, um ihre Produktivität und Konzentrationsfähigkeit zu verbessern. Die Verwendung der Pomodoro-Technik ermöglicht es Ihnen, wirklich an einer Aufgabe dranzubleiben, weil sie Ihnen sowohl Eigenverantwortung als auch Kontrolle über Ihren Arbeitsplan auf eine Weise verleiht, die Sie organisiert und motiviert. Mithilfe der Pomodoro-Technik werden Sie bessere Ergebnisse in weniger Gesamtzeit erzielen. Sie funktioniert so, dass Sie Ihren Lernstoff in fünfundzwanzigminütige Arbeitssitzungen über den Tag verteilt einteilen. Während dieser fünfundzwanzig Minuten konzentrieren Sie sich intensiv auf eine bestimmte Aufgabe mit so wenig Ablenkung wie möglich. Dann wechseln Sie während einer kurzen Pause (normalerweise etwa fünf Minuten) zu einer anderen Aufgabe. Sie können diesen Prozess im Laufe eines Arbeitstages so oft wiederholen, wie Sie es brauchen. Am besten fangen Sie damit an, ein oder zwei dieser Sitzungen pro Tag auszuprobieren, bevor Sie versuchen, sich auf drei, vier oder sogar fünf zu steigern. Ich würde Ihnen ebenfalls empfehlen, mit einem niedrigeren Zeitfenster (fünfundzwanzig Minuten) zu beginnen, bevor Sie versuchen, sich zu längeren Zeitfenstern hochzuarbeiten (fünfunddreißig oder sogar fünfundvierzig Minuten, wenn Sie es ausprobieren wollen).

In Ihrer Pause können Sie aufstehen, herumlaufen, einen Snack zu sich nehmen oder einen Artikel in den Nachrichten lesen, bevor Sie sich wieder auf Ihre Arbeit konzentrieren. Es ist am besten, wenn Sie diese Pausen auf unter zehn Minuten beschränken. Experten empfehlen dringend, dass Sie sich während dieser Pause bewegen, sofern dies möglich ist. Laut Studien kann langes Sitzen (oder sogar Stehen) zu einem erhöhten Risiko für eine Reihe von Gesundheitsproblemen führen, darunter Diabetes, Herzkrankheiten, Schlaganfall sowie eine Beeinträchtigung der Gehirnfunktion. Im Allgemeinen ist es am besten, wenn Sie über den Tag verteilt abwechselnd sitzen und stehen, sodass Sie nicht zu viel von beidem tun. Sie können Ihre fünf Minuten Pause nutzen, um sich zu dehnen, eine Tasse Kaffee zu trinken oder einen kurzen Spaziergang um das Gebäude herum zu machen. Ihr Gehirn wird es Ihnen danken!

Wenn es Ihnen schwerfällt, eine große Aufgabe zu beginnen, weil Sie wissen, dass dies lange dauern wird, sind Sie nicht allein. Den meisten Menschen geht es so. Die Pomodoro-Technik bringt Sie dazu, Ihre Aufgaben in Arbeitsblöcke aufzuteilen, sodass es für Sie einfacher ist, diese Blöcke durchzuarbeiten. Die Pomodoro-Technik kann auf Ihre speziellen Lernbedürfnisse zugeschnitten werden, d. h., Sie können, wenn Sie möchten, eine kürzere Zeitspanne für die Arbeit festlegen, damit Sie sich allmählich an die Aufgabe herantasten können. Ebenso können Sie Ihre Pausen etwas länger gestalten, wenn Sie finden, dass Ihnen das hilft, Ihre Lernsitzungen besser zu bewältigen. Auf der offiziellen Website wird auch empfohlen, dass die Lernenden versuchen, abzuschätzen, wie viele Arbeitssitzungen notwendig sind, um ein bestimmtes Projekt abzuschließen, damit Sie es besser auf Monat, Woche, Tag und vielleicht sogar auf eine Arbeitssitzung aufteilen können. Auf diese Weise werden Sie unweigerlich dazu motiviert, die Ziellinie zu erreichen. Denken Sie daran, Ihren Kalender zu blockieren und Ihre Telefon-Benachrichtigungen auszuschalten, um Ablenkungen zu begrenzen und so Ihren Fokus beizubehalten.

Versuchen Sie es mit Meditation

Meditation ist eine einfache Technik, die jeder erlernen kann. Meditation ist absolut kostenlos und Sie benötigen weder eine spezielle Ausrüstung noch ein umfangreiches Training. Meditation wird schon seit Tausenden von Jahren von allen möglichen Menschen praktiziert. Einer der häufigsten Gründe, warum Menschen Meditation ausprobieren, ist der Abbau von Stress und Angstzuständen. Studien konnten belegen, dass Meditation den Spiegel des Stresshormons Cortisol senkt. Wenn wir etwas Stressiges erleben, steigt unser Cortisolspiegel an. Dies war vermutlich eine adaptive Reaktion unserer Vorfahren, um ihre Überlebenschancen in unsicheren Zeiten zu erhöhen. Heutzutage wird unser Cortisolspiegel durch andere Formen von mentalem Stress beeinflusst, der negative körperliche Auswirkungen, z. B. Schlafstörungen, Depressionen und Angstzustände oder Bluthochdruck, auf uns haben und zu Müdigkeit und Demotivation beitragen kann. Forschungsergebnisse zeigten immer wieder, dass Meditation diese Stresssymptome lindert und sogar eine Vielzahl von anderen stressbedingten Zuständen mildern kann wie das Reizdarmsyndrom oder posttraumatische Belastungsstörungen. Meditation kann außerdem Symptome von Angststörungen und angstbedingten psychischen Problemen wie Panikattacken, impulsivem oder zwanghaftem Verhalten und Phobien reduzieren. Im Gegenzug helfen Meditationstechniken im Laufe der Zeit dabei, das Schlafverhalten zu verbessern und Schlafstörungen zu reduzieren, die ebenfalls durch Stress verursacht werden. Ein verwandter Effekt ist die Senkung des Blutdrucks, der nicht nur während der Meditationspraxis, sondern auch allmählich bei Personen, die konsequent meditieren, dauerhaft sinkt. Regelmäßige Meditation kann schlussendlich die Belastung des Herzens und der Arterien reduzieren, was hilft, Herzkrankheiten vorzubeugen.

Die Ablenkungen, die tagtäglich auf uns einprasseln, bewirken, dass Achtsamkeitsaktivitäten wie Meditation entscheidend für unsere Fähigkeit sind, uns zu konzentrieren und auf Aufgaben zu fokussieren. Einige dieser Hilfsmittel sind für unser Arbeits- und

Sozialleben unerlässlich, sodass es schwierig, aber notwendig ist, ein ausgewogenes Verhältnis bei ihrer Verwendung zu finden. Unsere Fähigkeit, uns gut auf Aufgaben zu konzentrieren, bestimmt unsere Fähigkeit, vollständige Erinnerungen zu schaffen. Erinnern Sie sich an unser Kurz- und Langzeitgedächtnis? Vollständige Erinnerungen sind das Produkt von tiefen und achtsamen Lernprozessen. Unser mangelndes Augenmerk für Details bzw. die Tendenz, unsere Lerneinheiten schnell abschließen zu wollen, erschwert es uns, uns entscheidende und wichtige Informationen zu merken. Sich gut konzentrieren zu können, führt nicht unbedingt zu einem besseren Gedächtnis, ist jedoch wesentlich für die Entwicklung einer gut ausgebildeten und nützlichen Fähigkeit, Informationen zu behalten und abzurufen.

Leider gibt es heute mehr Hindernisse für unsere Konzentrationsfähigkeit als jemals zuvor. Das Internet bombardiert uns ständig mit Informationshäppchen, die in ihrer Nützlichkeit für uns variieren. Sie müssen eine aktive Rolle bei der Schaffung dieses Gleichgewichts übernehmen, damit Sie eine ideale Arbeitsumgebung schaffen und Ihre Ziele erreichen können. Das ist ziemlich schwer, denn schon der bloße Gedanke an Ihre E-Mail- oder Social-Media-Konten unterbricht Ihre Konzentration, sodass es für Ihre Konzentrationsfähigkeit möglicherweise nicht ausreicht, nur offline zu gehen.

Wenn Ihnen etwas davon bekannt vorkommt, könnte Meditation die Antwort sein. Es konnte festgestellt werden, dass Meditation dabei hilft, die Stärke und Ausdauer der Aufmerksamkeit, das Erinnerungsvermögen und die Problemlösung zu verbessern. Laut Forschungsergebnissen kann eine konsequente Meditationspraxis Menschen dabei helfen, ihre Aufmerksamkeit neu zu orientieren und länger aufrechtzuerhalten. Dies kann bei der Kreativität bezüglich der Problemlösung sowie beim Erledigen von Aufgaben helfen. Zudem können Meditationstechniken die Tendenz, unsere Gedanken umherschweifen zu lassen, uns übermäßig Sorgen zu machen, oder unsere Unfähigkeit, konzentriert oder aufmerksam zu bleiben, verbessern. Neben der Verbesserung der Aufmerksamkeit und der Klarheit des Denkens können Meditationstechniken außerdem dazu beitragen, Ihren Geist jung und Ihr Gedächtnis intakt zu halten, indem sie die Wahrscheinlichkeit eines altersbedingten Gedächtnisverlustes verringern. Einige Studien zeigten sogar die Möglichkeit auf, dass Meditation die Auswirkungen von Demenz umkehren oder teilweise lindern kann. Es ist für Wissenschaftler immer noch relativ unklar, warum Meditationstechniken die Wirkungen haben, die sie haben. Es gibt jedoch mittlerweile mehr als genug Beweise, die auf ihre Nützlichkeit bei der Verbesserung unserer Kognition, unseres Gedächtnisses und unserer Konzentration hinweisen. Wenn Sie gerade erst anfangen, sind hier ein paar schnelle Tipps, die Sie beachten sollten:

Suchen Sie sich stets einen ruhigen Ort für Ihre Meditationspraxis, sodass Ablenkungen minimiert werden. Wenn Sie beginnen, werden Ihre Gedanken wahrscheinlich abschweifen, und das wird Ablenkung genug sein. Sie können einen Timer für die Zeitspanne einstellen, in der Sie meditieren möchten. Ähnlich wie bei der Pomodoro-Technik fangen Sie langsam an (etwa fünf Minuten pro Sitzung) und steigern sich dann. Sie müssen auch nicht auf dem Boden meditieren, sondern können es auf einem Stuhl, auf Ihrem Sofa oder sogar im Bett tun. Versuchen Sie nur, dabei nicht einzuschlafen. Bei der Meditation geht es um erholsamen Wachzustand. Das Wichtigste ist, dass Sie sich dabei wohlfühlen. Denken Sie daran, Ihre Augen zu schließen und sich auf Ihren Atem zu konzentrieren. Wo spüren Sie Ihren Atem am stärksten? Lassen Sie Ihre Gedanken fließen, ohne zu urteilen. Sie müssen die Gedanken nicht ablehnen oder sich schuldig fühlen, wenn Sie sie haben. Erkennen Sie sie einfach an und lassen Sie sie ziehen, während Sie Ihre Aufmerksamkeit wieder auf Ihren Atem richten. Wenn es Ihnen hilft, können Sie sogar denken (oder laut aussprechen): „Ich lasse diesen Gedanken los und kehre zu meiner Praxis zurück." Tun Sie, was immer Sie tun müssen, um Ihren Fokus dorthin zurückzubringen, wo er wichtig ist. Dies ist der Schlüssel zum Training Ihres Gehirns. Egal, was auf Ihrer Meditationsreise passiert oder auftaucht, es ist wichtig, dass Sie sich nicht selbst verurteilen. Alles, was zählt, ist, dass Sie sich dieser Praxis widmen, und das ist eine gute Sache.

Wenn das Meditieren in der Stille oder alleine zu schwierig für Sie ist, können Sie eine der Varianten von geführten Meditationen ausprobieren. Es gibt Videos auf YouTube, Handy-Apps wie Headspace und Breathe oder eine Reihe von tiefergehenden Handbüchern, nach denen Sie in einer örtlichen Buchhandlung suchen können. Die meisten Forschungen über Meditation legen nahe, dass Sie, um den größten Nutzen daraus zu ziehen, darauf abzielen sollten, so konsequent wie möglich zu meditieren, mindestens viermal pro Woche. Keine Sorge, Sie können die Meditationstechniken individuell ausüben und es so langsam angehen, wie Sie möchten. Selbst wenn Sie nur zehn oder fünfzehn Minuten pro Tag meditieren, wird Ihr Geist es Ihnen danken.

Manche Menschen entscheiden sich sogar für Gehmeditationen, besonders wenn sie noch Anfänger sind. Wie bei anderen Formen der Meditation liegt der Schlüssel darin, auf Ihren Atem zu achten. Zählen Sie zum Beispiel jedes Mal, wenn Sie ein- oder ausatmen. Zählen Sie bis zu einer beliebig hohen Zahl und achten Sie auf all die Dinge, die Sie ablenken oder dazu führen, dass Sie sich verzählen. Wenn Ihnen die Vorstellung, Ihre Atemzüge zu zählen, nicht gefällt, können Sie sich auch mehr darauf konzentrieren, Ihren Atem mit Ihren Schritten zu synchronisieren, während Sie gehen. Jedes Mal, wenn Sie ein- oder ausatmen, machen Sie einen Schritt. Dann können Sie dazu übergehen, zwei Schritte pro Atemzug zu machen, dann drei, vier, fünf, sechs und so weiter, bis es sich zu unangenehm anfühlt. Das Ziel ist, dass Sie den Fokus beibehalten, nicht, dass Sie die höchstmögliche Zahl erreichen. Sie müssen Ihrem Instinkt folgen, während Sie darauf achten, was in Ihrem Körper passiert, während Sie üben.

Wenn Sie gerne in der Natur spazieren gehen, können Sie sich auch darauf konzentrieren, Ihren Atem mit der sensorischen Welt um Sie herum auf eine Weise zu synchronisieren, die Ihre Verbindung zur natürlichen Welt in den Vordergrund stellt. Das Ziel hierbei ist, dass Sie sich intensiv auf Ihren Atem und Ihren Körper konzentrieren und wie diese mit der Welt interagieren, während Sie gehen. Beginnen Sie mit Ihren Füßen und nehmen Sie wahr, wie jeder Fuß Kontakt mit dem Boden hat. Wie fühlt sich das an? Was nehmen Sie wahr? Spüren Sie, wie sich Ihr Gewicht mit der Luft, Ihrer Kleidung usw. verbindet. Spüren Sie die Außentemperatur und bemerken Sie alle Empfindungen auf Ihrer Haut. Auf ähnliche Weise können Sie sich auf verschiedene Geräusche, visuelle Eindrücke oder Gerüche konzentrieren. Auch hier ist der Schlüssel, sich auf Ihren Atem zu konzentrieren, während Sie in Ihre Umgebung eintauchen. Im Allgemeinen werden Sie die Welt unglaublich friedlich finden, wenn Sie sie als physische Realität um sich herum wahrnehmen, ohne sie zu analysieren oder zu beurteilen.

Sobald Sie einige Erfahrungen mit Ihrer Meditationspraxis gesammelt haben, können Sie versuchen, ähnliche Techniken der Immersion und der Atemprinzipien beim Lesen, Essen oder sogar in sozialen Umgebungen im Gespräch mit anderen anzuwenden. Diese Techniken werden Ihnen dabei helfen, noch stärker in Ihr Leben einzutauchen und präsenter im Moment zu sein. Sich präsenter zu fühlen, ist die Hauptaufgabe der Meditation. Mithilfe der Präsenz können Sie sich besser konzentrieren, was Ihnen wiederum dabei hilft, mehr Informationen in Ihrem Gedächtnis zu verankern. Dieser Prozess ist absichtlich und zielgerichtet. Meditation ist ein mächtiges Werkzeug zur Verbesserung der Konzentration und Ihrer allgemeinen kognitiven Fähigkeiten. Anstatt Ihre Zeit mit nutzlosen oder negativen Gedanken und Sorgen zu verschwenden, können Sie sich auf Ihr körperliches Sein im gegenwärtigen Moment konzentrieren. Sie werden erstaunt sein, wie sehr Sie das Leben genießen können, wenn Sie das tun. Wenn Sie mit der Meditation beginnen, denken Sie nicht zu viel über den Prozess nach und analysieren Sie nicht zu viel. Konzentrieren Sie sich einfach darauf, Ihre Meditationstechniken zu verbessern, und seien Sie geduldig mit sich selbst. Nach einigen regelmäßigen Sitzungen werden Sie bemerkenswerte Verbesserungen erkennen.

Zusammenfassung des Kapitels

Es gibt kein Geheimnis für mehr Produktivität – es geht lediglich darum, Ihren Tag so zu organisieren, dass er für Sie funktioniert. Schauen Sie in Ihren Kalender. Erstellen Sie sich eine To-do-Liste. Richten Sie sich Erinnerungen ein. Und schließlich – und das ist das Wichtigste: schränken Sie die Nutzung von modernen Technologien ein. Beim Gehirntraining geht es vor allem darum, bestimmte Reize (einschließlich digitaler Ablenkungen) zu vermeiden und Prioritäten zu setzen, die Sie auf Kurs halten. Die Pomodoro-Technik ist dabei Ihr bester Freund, ebenso Achtsamkeitspraktiken wie Meditation.

FAZIT

Sie haben es bis zum Ende dieser Lektüre geschafft. Es könnte sein, dass dieses Buch manchmal eine zu große Menge an Informationen enthielt, die Sie verarbeiten mussten. Machen Sie sich jedoch keine Sorgen. Sie müssen sich nicht sämtliche Inhalte merken und können jederzeit wieder zu diesem Buch greifen, um bestimmte Kapitel erneut zu lesen, während Sie diese Lektionen in die Tat umsetzen.

Während dieses Buch Ihnen einen Fahrplan zum beschleunigten Lernen gibt, liegt es an Ihnen, die Arbeit hineinzustecken, zu lernen, zu üben und Feedback zu bekommen. Egal, welches Thema Sie studieren, beginnen Sie damit, diese Prinzipien zu verstehen, damit Sie nicht in den Details steckenbleiben. Diese zu lernen, kommt später. Achten Sie darauf, neues Wissen mit dem zu verknüpfen, was Sie bereits wissen, um das Gedächtnis zu unterstützen, und verwenden Sie die Pomodoro-Technik, um Ihr Gehirn zu trainieren und Ihre Konzentration zu behalten. Sie können dieses Handbuch in der Nähe aufbewahren, wann immer Sie nachlesen oder sich an Techniken erinnern wollen, um sich Ihre neuen Fähigkeiten schnell anzueignen.

Denken Sie jetzt an ein Thema oder eine Fähigkeit, die Sie schon lange lernen wollten. Schreiben Sie es auf und legen Sie es an einen Ort, an dem Sie es jeden Tag sehen werden! Es ist an der Zeit, anzufangen. Wir neigen dazu, uns selbst im Weg zu stehen, indem wir zu viel über etwas nachdenken oder nicht aktiv werden. Denken Sie daran: Sie halten sich selbst mehr zurück als irgendjemand sonst auf der Welt, was im Umkehrschluss bedeutet, dass Sie allein die Macht haben, sich selbst aufzuhalten und sich selbst zu helfen, das zu erreichen und zu lernen, was Sie schon immer wollten.

Als menschliche Wesen können wir uns in einem unendlichen Maße weiterentwickeln, uns verändern und lernen, und es ist dieses Gefühl, mit dem ich Sie verlassen möchte. Sie haben so viel

Kraft und Potenzial. Jeder Tag, den Sie damit verbringen, nicht an diese Aussage zu glauben, ist ein vergeudeter Tag. Dies mag das Ende des Buches sein, doch in Wirklichkeit ist es nur der Anfang Ihres lebenslangen Lernabenteuers. Alles, was es braucht, ist, den ersten Schritt zu tun. Glauben Sie an sich selbst und daran, dass Sie Großes erreichen können – und das werden Sie auch!

QUELLEN UND WEITERFÜHRENDE LITERATUR

Adams, P., Gearheart, S., & Miller, R. (2009). The Accelerated Learning Program: Throwing Open the Gates. *Journal of Basic Writing*, 28(2), 50–69. https://doi.org/10.37514/jbw-j.2009.28.2.04

Anderson, S. (2016). *7 Essential Steps to Cram for a Test Without Losing Your Mind*. StudyRight. https://www.studyright.net/blog/7-essential-steps-to-cramming-for-exams-without-losing-your-mind/

Beck, H. (2020). *Das neue Lernen: heißt Verstehen*. Ullstein Verlag GmbH.

Bergmeier, M. (2020). *Bestnote ohne Pauken – das Geheimnis der Super-Schüler: Wie du sofort bessere Noten schreibst. Clever lernen dank effektiver Lerntechniken*. VIRTUOSO.

Bernardes, F. (2019). *Accelerated Learning Techniques: 18 Tips for Super Learning*. Classpert. https://classpert.com/blog/accelerated-learning-techniques

Boser, U. (2017). *What Do People Know About Excellent Teaching and Learning?* Center for American Progress. https://www.americanprogress.org/issues/education-k-12/reports/2017/03/14/427984/people-know-excellent-teaching-learning/

Brown, P. C., Roediger III, H. L., & McDaniel, M. A. (2014). *Make It Stick: The Science of Successful Learning*. Belknap Press: An Imprint of Harvard University Press.

Carey, B. (2015). *How We Learn: The Surprising Truth About When, Where, and Why It Happens*. Random House Trade Paperbacks.

Clark, B. (2015). *Five Research-Backed Tips for Accelerated Learning*. Further. https://further.net/accelerated-learning/

Gasser, J. (2021). *Diese Lerntechniken erleichtern Ihr Studium*. hftm. https://www.hftm.ch/de/news/lerntechniken-lernmethoden-fuers-studium

Gkiokas, D. (2017). *80/20 Rule: The Concept That Will Change The Way You Learn*. The Metalearners. https://www.themetalearners.com/80-20-rule-the-concept-that-will-change-the-way-you-learn/

Groat, B. (2016). *The 10 Principles of Rapid Skill Acquisition - Brian Groat*. Medium. https://medium.com/@BGroat/the-10-principles-of-rapid-skill-acquisition-3b8bcbb02092

Hollins, P. (2017). *Learn Like Einstein: Memorize More, Read Faster, Focus Better, and Master Anything With Ease. . . Become An Expert in Record Time (Accelerated Learning) (Learning how to Learn Book 5)*. PH Learning Inc.

Hollins, P. (2017). *The Science of Accelerated Learning: Advanced Strategies for Quicker Comprehension, Greater Retention, and Systematic Expertise (Learning how to Learn Book 4)*. PH Learning Inc.

Hollins, P. (2018). *Accelerated Learning for Expertise: Rapid Knowledge Acquisition Skills to Learn Faster, Comprehend Deeper, and Reach a World-Class Level (Learning how to Learn Book 6)*. PH Learning Inc.

Holm, F. (2020). *EINSERKANDIDAT - Stressfrei zur Bestnote: Clever Lernen lernen und effiziente Lerntechniken entdecken. Wie du mehr Freizeit hast, bessere Noten . . . weniger lernen musst*. KR Publishing.

Horsley, K. (2016). *Unlimited Memory: How to Use Advanced Learning Strategies to Learn Faster, Remember More and be More Productive*. TCKPublishing.com.

Kaufmann, J. *The First 20 Hours – Josh Kaufman Review Summary*. ConsciousED. https://consciousued.org/books/the-first-20-hours-josh-kaufman-review-summary

Kraft, G. (2019). *Lerntechniken & Lernmethoden – Gute Noten ohne Büffeln: Leichter lernen & Prüfungsangst überwinden für bessere Noten und mehr Freizeit. Wie du . . . einsetzt und dich motivierst*. Great-Books 4YOU.

Kulik, J. A., & Kulik, C. L. C. (1984). Effects of Accelerated Instruction on Students. *Review of Educational Research*, *54*(3), 409–425. https://doi.org/10.3102/00346543054003409

Lorenz, T., & Jung, D. (2021). *Lerntechniken und Lernmethoden: Der clevere Weg zur Bestnote - Effektives Lernen, nie wieder Prüfungsangst und geniale Lernstrategien + Konzentration und Fokus steigern*. YouVenture! GmbH.

M. (2021). *Produktiver lernen: Die besten Lerntechniken fürs Studium*. GRIN | Wissen finden & publizieren. https://www.grin.com/de/magazin-studierende/produktiver-lernen-die-besten-lerntechniken-fuers-studium/

Maier, M. (2019). *Lerntechniken: Die 10 erfolgreichsten Methoden!* myStipendium. https://www.mystipendium.de/studium/lerntechniken

Meier, D. (2000). *The Accelerated Learning Handbook: A Creative Guide to Designing and Delivering Faster, More Effective Training Programs*. McGraw-Hill Education.

Metivier, A. (2021). *How to Study Fast: A Guide To High Volume Learning At Speed*. Magnetic Memory Method. https://www.magneticmemorymethod.com/how-to-study-fast/

Nguyen, T. (2020). *17 Ways To Learn New Skills Faster and Enjoy the Process*. Lifehack. https://www.lifehack.org/articles/productivity/17-steps-acquiring-new-skill-faster-than-you-thought-possible.html

Patel, D. (2018). *10 Proven Ways to Learn Faster*. Entrepreneur. https://www.entrepreneur.com/article/323450

Principles of Accelerated Learning. The Peak Performance Center. https://thepeakperformancecenter.com/educational-learning/learning/theories/accelerated-learning/principles-of-accelerated-learning/

Reichel, T. *10 Gewohnheiten, mit denen du doppelt so schnell lernen kannst*. studienscheiss.de. https://www.studienscheiss.de/gewohnheiten-schneller-lernen/

Rietzler, S., & Grolimund, F. (2018). *Clever lernen*. Hogrefe AG.

Schneider, K. (2020). *10 Lerntechniken fürs Studium: So studierst du schneller und effizienter*. stellenwerk. https://www.stellenwerk.de/magazin/studentenleben/10-lerntechniken-fuers-studium-so-studierst-du-schneller-und-effizienter

Silcock, P. (2003). Accelerated learning: A revolution in teaching method? *Education 3–13, 31*(1), 48–52. https://doi.org/10.1080/03004270385200081

Stymia Verlag. (2021). *Schule gehackt! - Durch clevere Lerntechniken zu deiner Traumnote!* Stymia Verlag.

Vozza, S. (2017). *Five Popular Myths About Learning That Are Completely Wrong*. Fast Company. https://www.fastcompany.com/40420472/five-popular-myths-about-learning-that-are-completely-wrong

www.ingramcontent.com/pod-product-compliance
Lightning Source LLC
Chambersburg PA
CBHW071248070526
44583CB00017B/2376